解码数字新浙商 IV

解读数字经济的浙商样本

章 丰 王逸嘉 著

蒋雷婕 程一苇 内容整理

章正君 叶志峰 特约设计

ZHEJIANG UNIVERSITY PRESS

浙江大学出版社

·杭州·

图书在版编目（CIP）数据

解码数字新浙商. Ⅳ / 章丰，王逸嘉著. -- 杭州 ：浙江大学出版社，2025. 1. -- ISBN 978-7-308-25658-2

Ⅰ. F727.55-39

中国国家版本馆CIP数据核字第2024FE0671号

解码数字新浙商 Ⅳ

章 丰 王逸嘉 著

责任编辑 张一弛
责任校对 朱卓娜
装帧设计 周 灵
出版发行 浙江大学出版社
（杭州市天目山路148号 邮政编码310007）
（网址：http://www.zjupress.com）
排 版 杭州林智广告有限公司
印 刷 浙江海虹彩色印务有限公司
开 本 710mm×1000mm 1/16
印 张 24.25
字 数 248千
版 印 次 2025年1月第1版 2025年1月第1次印刷
书 号 ISBN 978-7-308-25658-2
定 价 88.00元

序

数字新浙商，“新”在哪里？

陈浩

中共湖州市委书记

时任中共浙江省委统战部副部长、浙江省工商联党组书记

这是一本崭新的浙商记录。透过两位作者的访谈，数字经济领域的创业者们在这里分享了他们的奋斗和思考。字里行间，我读到了企业家的行业洞察和商业智慧，更触发了对数字新浙商“新”在哪里的思考。

数字新浙商，首先新在产品和服务。数字经济是浙江的一号工程，这个工程的体量和优势很大程度上取决于浙商在数字经济领域创造的产品和服务。本书采访的数字新浙商，其业务涵盖先进制造、区块链、物联网、网络安全、大数据、云计算、智慧医疗、在线教育、电子商务、金融科技、芯片制造和创投服务等多个领域。他们的产品和服务，有的用新技术为消费者创造了更新更好的用户体验，更多的则隐身在终端产品背后，以一种“数字化能力”的形式，为各行各业赋予了“机器之心”。

数字新浙商，更是新在思想和方法。企业家的认知水平和方法论决定

了产品和服务的竞争力。数字新浙商各有心法又相互印证，带给我很多启发。他们信仰数字科技的力量，用数据做原材料，用算法创造服务，在企业的决策、运营、管理中展现出了完整的在线思维；他们高度重视创新，善于运用大数据和人工智能的最新技术提升效率创造价值，“做过去想都没有想到的事”；他们拥有全球化的视野，敢于和善于打造开放生态，努力在数字经济领域里成为新规则的制定者和推动者。

数字新浙商还是一组革新和传承的最新样本。他们根植于浙商成长的商业沃土，汲取养分又反哺时代。在数字新浙商身上，我读到了对传统行业的敬畏之心，只有行业基因和技术基因协作融合，才能培植壮大产业数字化的崭新物种。在数字新浙商身上，我读到了对浙商精神的一脉相承，尊重市场、敢想敢拼、吃苦耐劳、抱团协作，这些浙商骨子里的商业精神，在数字时代依然被深刻认同和自觉实践着。

本书采访的数字新浙商，有“90后”，也有“80后”“70后”“60后”；有来自阿里、浙大的，也有海归创业、浙商传承；有土生土长的浙江人，也有“新浙江人”。这些数字新浙商共同构成了一个小小的浙商样本，为我们观察浙江的数字经济提供了一个窗口，也为我们思考浙商的品质提升提供了一个镜鉴，而后者，正是浙江工商联组织着力推动的新课题。

加油！数字新浙商。

2020年3月

目　录

奇点云行在：

我笃信，普惠大数据一定是未来

奇点云创始人兼首席执行官

张金银（行在）

平台是脑后的一盏明灯，眼睛要盯着客户需求。保持初心，做普惠大数据的平台公司。

张金银深耕大数据行业二十余年，是阿里巴巴集团首个数据仓库建立者、原阿里云“数加”（现阿里数据中台 DataWorks）创始人，曾任阿里第一任数据安全小组组长、阿里云大数据事业部总监，曾主持建立淘宝消费者信息库（TCIF）。带着“普惠大数据”的初心，张金银于 2016 年创立奇点云，带领团队研发自主可控的大数据基础软件产品，帮助客户激活数据价值。截至 2023 年，奇点云已服务零售、制造、金融、政企等领域的 1500+ 客户，以数据智能推动产业转型升级，并获国家级专精特新“小巨人”企业等权威认可。作为投身数据科技自主研发和数据要素价值释放的典型，张金银曾获“数字新浙商”“数字服务年度人物”等多项荣誉，现任浙江省工商业联合会数字经济工作委员会委员。

“我向往自由，喜欢户外运动。背着比头还高的包，行走在路上，我很享受这种感觉，所以给自己取名‘行在’。”

回顾行在的职业生涯，每一个转折点都有“向往自由”的印记：毕业时，他放弃了公务员的工作机会，从老家安徽来到苏州，进入一家台资集团计算机部，从 ERP（企业资源规划）编写的入门者成长为数据仓库搭建和管理的主导者；2004 年，行在入职阿里，成为第一个数据仓库建立者、第一任数据安全小组组长，后带领“数加”团队，探索数据能力的外化；2016 年，他走向更广阔的天地，希望实现大数据普惠。

那年冬天，西湖北山，四人围坐，几盏暖茶之间，奇点云诞生了。在人工智能领域，“奇点”指机器智慧超越人类智慧的瞬间。行在希望借助 AI 驱动的大数据，助力企业在云上迈过奇点，爆发能量。

虽然满身“武艺”，但行在一直提醒自己，不可陷入“技术自嗨”，要从客户的角度出发，真正解决业务问题。他给奇点云定下 Project-Product-Platform（项目—产品—平台）的发展路线，为客户提供从咨询、产品到落地应用等服务，深耕泛零售行业，从个性化项目里沉淀出标准化产品。如今，奇点云的版图已经拓展到了制造业、金融业、政府等领域，向着平台公司的目标迈进。

“我笃信‘奇点’会到来，普惠大数据一定是未来。只看未来一两年，可能全是问题；看未来的二十年、三十年，你会看到别人看不到的景色，耐心和坚持就基于此。”

谈创业思考 | 创业者要做好心力储备，掉无数“坑”再爬出来

章丰：你在阿里待了十二年，为什么 2016 年选择出来创业？

行在：我在阿里待了这么久，是因为它的业务一直在向新领域拓展，探索的过程充满新鲜感。我们经常听阿里艰苦创业的故事，内心那颗创业的小火苗不断被“浇油”，最后“烧”到我们必须去做这件事。

回头看，2016 年是创业的一个好时点。2015 年我带领“数加”（现阿里数据中台 DataWorks）团队，探索阿里数据能力的外化，见了大量客户，他们急切需要优秀的数据技术支撑。当时阿里的数据技术领先业内五到十年，因为它有丰富的场景。我意识到创业的时机来了，而且是独立第三方的机会。我们有机会把领先的数据功力赋能于外部社会，赋能千万家企业。

章丰：“数加”这段内部创业的经历，也为你后来的创业做了铺垫？

行在：我们从热闹的西溪园区被“赶”到当时荒凉的云栖小镇，我现在还能回想起窗帘被太阳暴晒后的异味。心理肯定有落差，这可能就是创业的真实情况。以前总听人说“创业很难，不是人干的”，从数加到成立奇点云，我对这句话体会很真切。

章丰：回头看，五年前作为创业者准备最不足的点是什么？

行在：准备不足的地方很多，意料之中也是意料之外的是对创业艰苦的认知。奇点云几年来跑得很快、跑得很稳，但实际上，创业该踩的“坑”我们一个都没避过去。（过去）在大的组织就像在象牙塔，而创业是直面各种各样的人和事，掉无数的“坑”还要爬出来，这就是常态。阿里内部常说“心力、脑力、体力，心力最重要”，创业者要做好心力储备。

谈发展路径丨 Project–Product–Platform，平台是脑后的一盏明灯，眼睛要盯着客户

章丰：面对企业的数据服务需求，行业普遍的做法是提供数据平台产品，模式更“轻”，不被定制化所困。奇点云积累了平台能力，同时又借标杆客户形成了示范应用。平台和应用，或者说标准化和个性化，你怎么抉择？

行在：这是个很好的问题，在阿里时我就在思考，无论是淘宝、天猫还是阿里云，都是平台模式。如果我们是一家项目制公司，估值大概就几十亿元；产品制公司，估值能到百亿元；但平台制公司，估值可达千亿元。所以人人都想做成一家平台制公司。但很多人一上来就做平台，思路完全错了。

平台是脑后的一盏明灯，你知道企业的终局是平台，但你的眼睛要盯着客户的需求。打个比方，平台是底下的土地，行业化是一棵树，最终我们给予客户的是那颗苹果。

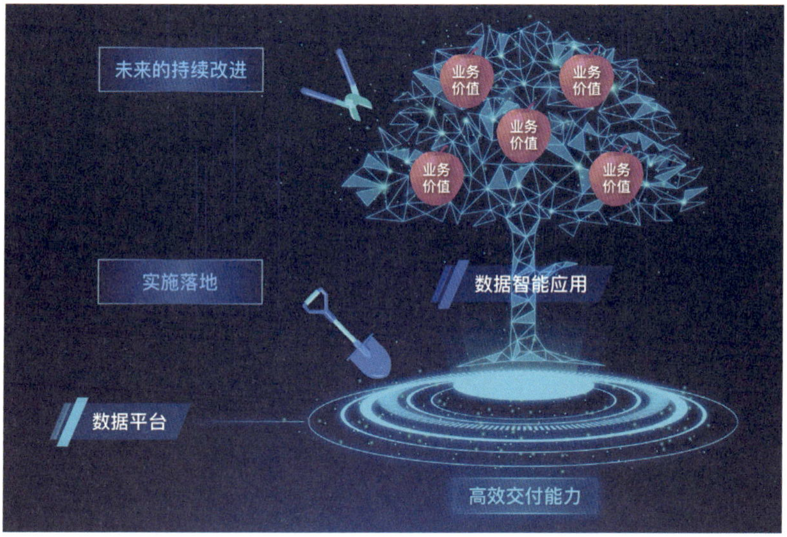

“苹果树理论”示意图

如果你只盯着那盏明灯，不肯等待栽树、育苗、果子成熟，就成了无根之木，脱离了客户需求；但只盯着客户需求，光做应用，在大树庇荫之下是挺舒服，但很难为企业规模化建立数据能力。

章丰：企业的远期战略和眼前客户的需求之间，一定会有冲突。

行在：所以奇点云从一开始就提出了“平台 + 应用”的模式，以通用的数据平台为基座，具备数据治理、研发、分析、计算、运维等底层能力；在平台之上，长出行业应用、分析工具等各种各样的应用，为客户所用。

我们最终一定要解决企业痛点，所以不仅要耕耘土地（数据平台），还要帮客户把苹果树（智能应用）栽下去，最终长出苹果，让客户获得实际的业务价值。

章丰：“平台 + 应用”的打法，从你创立奇点云之初就很清晰？

行在：我定义奇点云的发展路线是 Project-Product-Platform。从 Project 到 Product，奇点云深耕行业，服务标杆客户，从中积累经验，沉淀出标准化、模块化的产品，提升产品力；从 Product 到 Platform，做强平台，建立规模化服务客户的能力，向上生长出更多好的数据应用。奇点云要带动更多 ISV（独立软件开发商）和生态伙伴，以平台为土壤，构建起蓬勃的应用生态。

举个例子，苹果公司不做制造，但它最懂制造，所以能指导富士康把产品生产出来。同理，做应用很苦很累，但只有成为最懂应用的人，才能研发出最适合应用生长的土壤（平台，即我们的数据云操作系统），更好地支持客户和伙伴在平台上开发数据应用、用好数据资产。

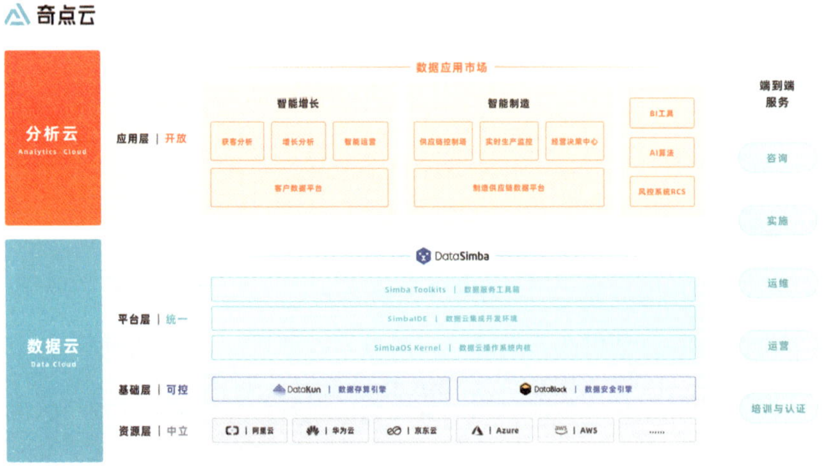

遵循“平台 + 应用”，构建产品体系

谈行业布局 | 在难而正确的行业里打出市场，修炼出技术能力和商业化水平

章丰：奇点云已经为泛零售业超50%的头部客户提供了数智化转型服务，泛零售为什么会成为你们的首选行业？

行在：当初我们从阿里出来，学了一身“武艺”，可以在各行各业大展拳脚，但平台不是“摊大饼”，要在一个领域做深做透再拓展版图。在选择行业时我们也有过纠结，是先做零售好还是金融好，最终我们选择了泛零售。

中国数字化的进程发端于消费者数字化，泛零售行业居于前端。在零售业的变局中，数据的重要性与日俱增，不管是算法建模、柔性生产，还是营销销售、仓管物流等，都需要从原来的经验性运营和决策转向数据化运营和决策。同时，泛零售高度市场化，分厘必争的生意场对投入产出比更为敏感。如果奇点云能在难而正确的行业里打出市场，修炼出技术能力和商业化水平，一定会具备旺盛的生命力。

章丰：你们在行业版图拓展上也有所侧重，为什么？

行在：2020年底奇点云提出了“1+3”的行业布局，“1”是泛零售，“3”是制造、金融和政企。泛零售是我们的“井冈山”，根据地要守住。

金融业的技术积累、数据基础、资金实力良好。在创业四年后，我觉得奇点云已经具备了进入金融领域的技术能力和品牌能力。

政府是“压舱石”。在经济周期波动和国际环境变化的时点，坚持深

耕政府领域也是自然的选择。中国政府在数字化上意识超前，产生了大量的数据，存在数据打通和智能化应用的需求。

制造是中国的未来，也是数字化转型的重中之重。制造业场景复杂，数据不仅用于“参考”，而且会直接影响到生产。奇点云的数据云平台 DataSimba 提供实时计算、秒级响应和应对海量数据存算的稳定性支撑，支持生产部门及时调整计划，节约资源，业务部门也可以借助打通后的数据做更多创新。

从泛零售行业向“1+3”“1+N”突破，奇点云也会不断地沉淀行业经验，赋能更多行业客户。

章丰：数据中台作为一套方法论 + 工具，交付给客户后还需要持续的运维。奇点云交付率 100%、复购率 70% 等这些数据背后，有什么经验？

行在：在平台层，确保产品足够标准化。在交付环节，需求各异，但流程可以标准化。如针对泛零售领域，我们提炼了服饰、快消、美妆、商超等六大行业的最佳实践，形成完整的行业标签包和算法模型，可根据客户需求个性化搭配，可复用率达到 80%。

服务客户，不仅要有方案，也要能落地，所以我们强调端到端的交付能力。要从问题和需求端出发提供解决策略和方法，还需要从能力建设端提供策略的技术落地能力，甚至是业务场景的实施能力。

基于强大的实施团队基础和深厚的行业认知，奇点云正逐步把交付能力“抽象”出来。未来与第三方生态合作，我们能提供一整套规范和工具，在关键岗位上把关，指导他们在平台上完成对客户的交付。

谈技术战略丨数据中台要保持中立，让客户有自由选择的权利

2021 年 StartDT Day 数据技术大会上，行在发布了奇点云全新的数据技术战略：跨平台、云原生、自主可控。每一个词都代表着技术上硬碰硬的升级。“跨平台”可支撑集团数据管控、跨国企业服务等复杂场景；“云原生”在提升客户底层性能的同时，把成本降至原来的 1/3；自研的数据存算引擎 DataKun，为客户提供了自主可控的选择。

章丰：怎么理解“云原生”？

行在：“云原生”是个技术概念。到目前为止，IT 发展经历了三个阶段：1.0 阶段，软件部署在机器上，客户需要配置机房，聘请专门的 IT 工程师；2.0 阶段，软件搬到云上，客户购买虚拟的服务器，技术由云计算厂商支持；现在已经进入 3.0 阶段——“云原生”，存储和计算大量分离，计算节点归计算节点，存储节点则利用超大的、便宜的磁盘，软件服务也基于“云”的环境发生变化。

对客户而言，“云原生”最大的好处是提高数据处理的弹性，降低存储的成本。比如典型场景“双十一”，同时有一亿人涌入，以前客户可能需要采购大量的服务器，应对最高并发量。但在“云原生”时代，可以引入中间缓存实现计算存储分离，根据业务需求，弹性扩展或压缩计算节点。

章丰：奇点云走“云原生”的路线，既是“云环境”的要求，又出于自身为客户的考虑？

行在：成本和效率推动着数据中台（或者说数据基础设施）必须走向“云原生”，IaaS（基础设施即服务，一种云服务模式）上长不出客户自主可控的数据中台，这一定是第三方的机会。因为云厂商凭借计算和存储收费，初衷是客户用得越多越好。奇点云作为标准的独立数据智能技术供应商，有动力去帮客户优化架构、降低成本、实现“跨云”数据治理，让客户什么好用用什么，什么便宜用什么。

我认为，数据中台的“中”不仅是中间的“中”，更是中立的“中”，客户应有自由选择的权利。例如美国云数仓公司Snowflake有近70%的客户来自亚马逊，即使AWS（亚马逊云科技）提供类似的产品Redshift，客户依然选择Snowflake，因为它是独立第三方的“云原生”数据仓库。

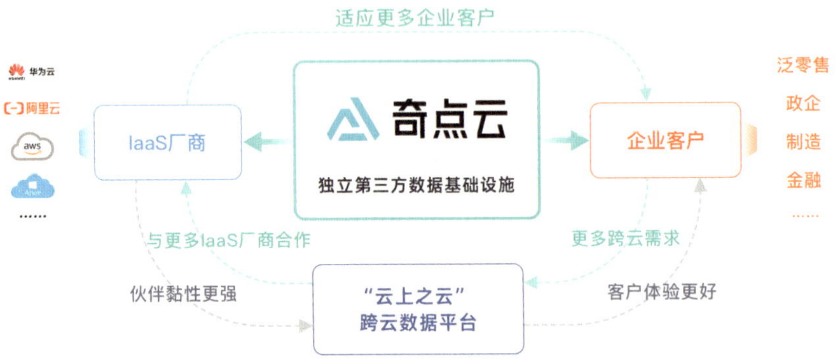

“跨云中立”的合作方式形成网络效应

章丰：怎么理解“自主可控”？

行在：从时代背景来看，我们的IT技术很多是模仿欧美起家的，今天的数据赛道，其底层开源技术仍以欧美的为主。在充满不确定性的国际政治经济环境下，在技术和业务上保障可持续供应成为必选项。从“大我”出发，自主可控符合国家科技兴国的潮流；从“小我”出发，自主可控支撑奇点云为客户提供持续稳定的服务，自主可控就是客户可控。

从技术演进来看，自主可控也越发重要。现有开源技术并不能满足深层次改造的需求，比如数据安全。技术借助场景才能进步，目前中国在数据应用方面的技术远超欧美，我相信未来在底层基础技术上，中国也会发挥出优势。

谈行业生态丨当现实和数字的两个圆逐渐重合之后，奇点会加速到来

章丰: 数据中台赛道已跨过前两年的“概念热”，进入场景“深水区”。你观察到行业生态有哪些改变?

行在：数据服务需求增长。数据服务是一条坡道长、积雪厚的赛道，要做五十年的准备。世界上唯一只增不减的东西就是数据，未来必定需要大量的基础设施，对数据进行存储、加工、应用。

客户认知逐渐成熟。我们观察到客户对数据中台也经历了“不解—认知—理解—应用”的转变。早些年，我们需要费尽心力向客户解释数据中台；今天，许多企业已经改变了踮脚张望的姿态，主动出击——“我要你用数据服务帮我解决问题”，或更直接的——“我要一个数据中台”；数据能

力建设跑得更前的企业，也有了更深入的要求，包括平台的稳定性、企业级的运维和运营等等。

行业生态越发热闹。越来越多的创业者加入数据技术行业。这是一件好事。成行才能成市。

章丰：行业生态建设的过程中，是否存在痛点？

行在：客户为软件和产品付费的意愿不强，这也是中国软件大生态的痛点。但未来是向好的，我看到企业对软件服务的付费意识和价值认同正在觉醒，需要给市场以时间。

章丰：我们离数据真正发挥要素价值的奇点还有多远？

行在：我期待技术成熟和法律法规完善，国家鼓励数据开放和交易，这是数据发挥要素价值的良好途径。数据不同于其他要素，我给你，你有了，我也不会少。只有开放和交易，才能让数据产生更大的化学反应。

我认为在数据安全和法律法规的保障下，实现数据交换的途径有三步：第一步是把业务数据化，对数据进行记录和存储；第二步是打通企业内部的数据，“业数一体化”是DT时代（数据科技时代）企业服务的刚需，须融合业务和数据，让数据能真实记录和反映业务现状；第三步是打通上下游数据，当数据真正实现交换激发价值时，才能走向真正的奇点。

今天所有企业都还在走前两步，奇点仍未到来。世界正处于数字化加速和融合的过程中，数字世界和现实世界如同两个逐渐重合的圆，终有一天会完全融合在一起。我们将经历的是一个指数级变化的过程，当两个圆无限重合后，奇点会加速到来。

快问快答

达成目标后，你如何犒劳自己？

做重复机械的事，让大脑好好休息，比如看剧、打乒乓球，有时候洗碗也会让我很放松。

挑选合作伙伴，你最看重的品质是什么？

诚信。

你会给创业者一个什么样的“锦囊”？

储备好心力。

你最想改变世界的一件事是什么？

普惠大数据，是我想做且正在做的事。

如何定义“数字新浙商”？

务实肯干。“数字新浙商”顺应科技兴国的大趋势，踏踏实实地“啃硬骨头”，用信息的流动提升整个社会的效率。

好多素教赵剑锋：

帮孩子找到一生热爱

好多素教创始人

赵剑锋

以数字技术赋能教育，提供课后服务一站式解决方案，致力于激发孩子的热爱。

连续成功创业者，武汉大学受聘董事、研究生（校外）导师。毕业于武汉大学、长江商学院，湖畔大学第四期学员。2003 年创立经纬股份，后经纬股份在创业板上市。2009 年创立“点我吧”，2015 年推出即时物流平台“点我达”，系独角兽企业，后被阿里巴巴全资收购。2020 年 9 月创立好多素教，致力于帮孩子找到一生热爱。赵剑锋曾荣获“十大新经济人物”“十大创业创新引领浙商”“十大互联网（浙江）风云人物”等称号；获评年度风云创始人、年度科技创新 CEO、年度杭州创业人物；获颁武汉大学校友抗疫先进个人、武汉大学教育贡献奖；等等。

回顾赵剑锋的经历，大众会给他贴上“连续成功创业者”的标签。2003年首次创业的他，凭借在GIS（地理信息系统）和通信领域的工作经历，创立经纬股份，这是他觉得“能做”的事。2009年赶上O2O浪潮，赵剑锋投身互联网创业，创立“点我吧”，这是他觉得“可做”的事。2015年“点我吧”转型为即时物流平台“点我达”，在拥挤的赛道里一路厮杀成为“独角兽”。

“过往的人生里，我都是被命运推着走的，这次要做自己真正‘想做’的事。”2020年，“点我达”被阿里巴巴全资收购，赵剑锋瞄准素质教育赛道，开启第三次创业。2020年9月1日，“好多素教”正式成立，致力于“帮孩子找到一生热爱”，推出了兴趣班优选平台。

成立不到一年，“双减”政策出台，教培行业震荡。拨开众人眼前的迷雾，赵剑锋发现了“双减”之下“一增”的市场——课后服务，带领公司果断转型。“7月24日政策下达，9月1日开学，留给我们的时间只有39天。”

9天钻研，30天打磨后，好多素教的课后服务从杭州的4所学校起步，截至2023年秋季学期，好多素教的服务已覆盖26个省份，300多个区县，6000多所学校，服务学生超600万，储备老师超16万名。

“让世界充满阳光充满爱，是我所有选择的出发点。”在数字技术的加持下，赵剑锋正带领团队，向着“帮孩子找到一生热爱”的灯塔行进。

谈赛道选择丨教育是实现理想世界的最直接、最有效的路径

章丰：你是连续创业者，三段创业都打破了路径依赖。为什么你会想做教育？

赵剑锋：每个人创业的驱动力不同。我本身是个低欲望的人，创业不是为了满足自我需求，而是因为看到社会不尽如人意，希望世界更好。教育是塑造人的行业，从商业角度看，教育服务是最有可能较大范围地、深层次地影响社会的行业，是实现我理想世界的最直接、最有效的路径。

章丰：很多创业者会从 K12 入手，你为什么聚焦素质教育？

赵剑锋：我们扫描分析了教育全行业，从 K12、素质教育到职业教育，从老年人、成人、青少年到婴幼儿教育，甚至胎教。

服务的对象是谁？我们没有能力改变成年人，所以我们聚焦于尚有可塑性的低龄阶段。提供怎样的产品和服务？我们没有能力输出教育理念或教育话题；要对服务对象有所启发，所以技能型培训意义不大。

K12 是最大的赛道和市场，但带有“卷”的特质，已有非常优秀的“玩家”，结合当时的政策风向，我们没有必要、没有意义，也没有能力在其中做出成绩。素质教育市场规模仅次于 K12，且增长速度超过 K12，是所有赛道里最有机会的。

企业愿景是指导战略决策和业务变化的终极灯塔，所以我们先确定了

好多素教的愿景“帮孩子找到一生热爱”，帮助他们去发现并成为更好的自己。

章丰：“发现热爱”其实就是人格塑造的过程。

赵剑锋：孔子说“有教无类”“因材施教”，3—8 岁是孩子人格形成的关键时期，具有可塑性。可塑性是在原有基础上引导培育，是“让香蕉成为更好的香蕉”，而不是我们认为苹果最好，要把香蕉塑造成苹果。

好多素教希望在孩子的关键期，给予他足够多的体验和甄别机会，让他充分感受自由、激发热爱。即使这份热爱没有成为特长，它所带来的影响也会沉淀在孩子心底，陪伴他走过很多人生的十字路口，真正实现启发和推动人的作用。

谈转型思路 | 留给我们设计产品的时间只有 30 天

初期，好多素教推出了兴趣班优选平台“好多兴趣班”。2021 年 7 月 24 日，“双减”政策出台，即减轻义务教育阶段学生过重的作业负担和校外培训负担，闭校、收缩、裁员、赔偿……一时间教培行业震荡。39 天后，刚刚完成 A 轮融资的好多素教全面转型为课后服务运营商。

章丰：这 39 天里，你们是怎么完成课后服务转型的？

赵剑锋：我们先用了 9 天研读政策和决策转型，留给产品设计的时间只有 30 天。9 月 1 日当天，杭州的 4 所学校上线了好多素教的课后服务。

课后服务是以学期为单位、以学校和教育局为客户的，存在明显的周期。

创业者没有资格抱怨和犹豫。事后来看，我们的判断非常准确、动作非常果决，才获得了一个更好的机会。当时大部分人的第一反应可能是震惊之余的抱怨，而我们理性全面地看待调整，安排核心团队通读政策文件，解读未来的教育方向。

首先，教育从“为谁培养人”开始，到“培养什么人”，再到“怎么培养人”。大部分人只盯着最后一个问题使劲努力，其实前两个问题是开展教育工作的基础。其次，从商业角度推演教育服务的演化，和K12一样，素质教育也会逐渐走向强监管。

基于这两点判断，我们放弃了原来的平台模式。

章丰：为什么选择把主要业务调整为课后服务？

赵剑锋：我们预判，未来50%以上的素质教育市场将转移至校内场景落地，校外市场更多的是特长培养机构，原先带有托管性、缺乏专业性的“小B”机构99%会“死亡”。

很多人看到的是“双减”，但是没有洞察到“一增”背后的机遇，增强学校作为教育主阵地的作用，开展课后服务是关键项。

一方面，每周五天各两小时的托管，学生可以做完作业，避免了回家写作业的场景从“母慈子孝”变成“鸡飞狗跳”，减轻了学生和家长的作业负担；另一方面，学校的特色托管带有普惠性质，比如杭州的学校平均一个学生每节课20元，减轻了校外培训的家庭经济负担，家长也不用担心机构卷款“跑路”。

章丰：“双减”“一增”，增出来的市场其实很大。

赵剑锋：全国义务教育阶段的小学约有14.9万所，涉及约1.1亿学生，课后服务的市场规模从原先的150亿元新增到了2400亿元。在这个巨大的、增量的市场中，有机会出现一家大公司，有机会做到10%的市场占有率。

宏观市场将呈现什么走向？行业机会出现在哪里？行业里能不能“跑”出一家大公司？围绕这三条，好多素教完成了转型思考。

谈课后服务丨教育行业不缺理念和内容，真正缺的是能激发孩子热爱的老师

转型后的好多素教围绕课后服务，提供三大核心产品：全场景管理系统，覆盖教育局、学校、家长、老师、机构五端；多元化素质课程，精选一百多门素质教育课程；全方位线下派师，为学校匹配教学老师、教务老师，满足校外师资进校的需求。在浙江省，好多素教承建了省教育厅统筹的课后服务平台“浙里·课后服务”，在全省92个县（市、区）中，超过50%的教育局及所辖学校选用了好多素教的服务。

章丰：转型后的产品，围绕管理、内容、师资三方面，做了哪些考量？

赵剑锋：我们从课后服务市场的需求出发，一是学校和教育部门需要数字化的管理系统，二是多元的课后服务课程。素质教育不是刚需，但需求非常多元化，甚至有学校向我们提出了爬树课的需求。

章丰：十年前厦门大学就有门“网红课”是爬树。大学里的小众课程延伸到中小学，说明教育系统关于素质教育的视野在持续进化，也体现出教育需求的水涨船高。

赵剑锋：是的，而且与学科教育不同，素质教育的机构难以区分高低，所以在整个课后服务领域中，素质教育课程百花齐放。

第三个需求是专业的师资运营服务。学校的学科老师可能没有接受过素质教育课程方面的培训，也缺乏课后服务的意愿；但政策带来了课后服务需求的井喷，学校必然要引进大量的校外兼职老师。

教育行业不缺教育理念，也不缺专业性的内容，真正缺的是能激发孩子热爱的老师。我曾经听过一节素质教育课，老师说：“小黑猫把箱子搬走了。”孩子的“脑洞”跟我们不一样，他会问：“小黑猫这么小，为什么能够搬走那么大的箱子？”老师说：“黑猫就是搬得动。”这就是对孩子积极性的一次损伤和打击。我们要做的是筛选那些具备爱心和耐心的老师。

好多素教的定位是数字化技术服务公司，基于数字化的手段，大规模管理才有实现的可能。比如在招聘阶段，我们通过测评判断老师的职业素养，再根据工作表现来验证和优化测评，基于大量的数据，最终形成一套数字化测评模型，筛选出有爱心和耐心的优秀老师。在师资运营方面，围绕“招—培—管—汰”，好多素教构建了一整套数字化管控和标准化流程体系。

谈行业变量丨 ChatGPT 出现后，我们发现提出问题的能力更重要

章丰：G 端是课后服务赛道的一个关键节点。你觉得好多素教能承接省教育厅的数字化应用，靠的是什么？

赵剑锋：我们认为关键在于切中客户的需求，做出真正能落地应用的系统和服务。目前“浙里・课后服务”覆盖全省所有区县，已经有超过 50% 的教育局及所辖学校选用了我们的服务，背后是数百万学生、家长，数万老师实实在在地应用，容不得一点马虎。

章丰：在数字化改革建设高峰期之后，未来的系统会更多着眼于实战实效。像课后服务这样的准公共产品，受非市场化因素的扰动较大，比如定价政策会直接影响前端交付的商业效率。你们想过这个问题吗？

赵剑锋：我们内部考虑过。第一，对教育行业产生足够大的影响力需要足够大的规模，所以好多素教用薄利换规模，这也会成为一种商业壁垒；第二，我们观察到，只要提供的公共产品能为社会创造价值，政府会发挥足够的托底作用。基于这两点，商业可行性可以成立。

章丰：所以好多素教商业闭环的关键是规模？

赵剑锋：如果单纯为一个客户做系统，赚一千万元也是亏的；规模足够大的话，从每个客户那儿一年赚几十万元也能盈利。单个项目的个性化需求复杂，但我们逐渐将 80% 的功能模块化、结构化，进一步降低交付成本。

好多素教的课后服务都是靠中台的运营能力来驱动的，系统在线部署，课程资源在线，派师则是通过运营平台找当地的老师，拓展城市业务基本

只需一个销售去实地。

章丰：现在 ChatGPT 是“爆款”，它有可能带来新的行业洗牌或者规模化应用的提档升级。类似的技术变量会对课后服务市场或教育行业带来影响吗？

赵剑锋：我觉得在教育行业变革方面，技术的作用可能没那么直接。比如 ChatGPT 出现后，我们发现提出问题的能力可能比回答问题的能力更重要。

在知识的获取、传播、整理和有效利用上，技术发挥了很大作用，尤其对偏远地区具有普惠意义。但教育的真正变革，需要从底层改变人的思维方式，建立逻辑体系，激发思辨能力。思维变化更重要的是依靠人与人之间的互动，是“一棵树摇动另一棵树，一朵云推动另一朵云，一个灵魂唤醒另一个灵魂”。

谈底层能力丨所有公司的竞争最后就是文化的竞争

章丰：课后服务的对象是一组复杂的用户，有教育局、学校，也有家长、学生、教培机构，还涉及对大规模兼职老师的管理，你过往操作过巨系统的经历应该发挥了优势吧？

赵剑锋：我的三段创业经历在行业上跨度很大，但底层逻辑有一定的共通之处。“规模化的师资运营”是推动课后服务全覆盖的关键所在，好多素教的壁垒正是对大规模兼职人力的管理和调控能力。这与“点我达”

相似。当时我们管理了 400 多万名骑手，现在管理的是 100 万名以上的社会化老师。

章丰：其中有非常多的工程经验是外行看不懂也学不会的。

赵剑锋：这其实是一个非常复杂的体系，由无数的细节串联起来，每个细节的误差都必须控制好。比如，以前我们在物流领域把配送费定为 6 块 7，为什么是 6 块 7 而不是 6 块 8？师资要被派到 1200 所学校，为什么不是 1000 所？我喜欢刨根究底。假设其中有 8 个参数，每个参数你都跟别人做得差不多，别人拿 100 分，你拿 95 分，但总分上的差距就大了。

章丰：像好多素教这么复杂的用户关系，加上大规模交付，又在短时间内做到了一定规模，这套管理能力，在一定意义上就是你的“护城河”。这是商学院的课上不可能教授的知识，这考验“一号位”的决策以及如何快速把知识外化给团队。

赵剑锋：这些都是我付出好多代价、踩了好多“坑”换来的。现在我在团队里的主要功能就是找准方向、建立团队、获得资源、守住灯塔，让大家不要跑偏，业务的细节则通过团队去解决。

章丰：企业是文化的商业化演绎，好多素教的企业价值观是“简单”，这应该怎么理解？

赵剑锋：我赞同你的说法。商业是企业价值观的外化，它的底层是文化。真正有效的、能长期推行的企业文化有三个必要条件：创始人要从心底里相信和追求这种文化；要提取出与业务相结合的部分，让团队执行；团队对文化有修正和完善的作用，提高其可执行性。

企业文化是创始人、业务特征以及各种机缘之下的团队组合所共同形成的，需要大家一致信奉和坚守，并在日常中践行。文化不在于是否被挂在墙上，而在于平常的每个行为，比如我们公司在选用办公桌时能选同一款就不会出现两款桌子，这就是“简单”，效率上的简单。简单是价值观，是方法论，也是人生哲学。

技术是手段，产品是工具，背后的核心是运营策略，简单来讲就是你要鼓励什么、惩罚什么，价值观决定了运营策略。饿了么和美团的体系为什么不一样？就是两家公司的价值观造就的；对投诉等各项事件处理的反应不同，带来了效率、用户体验上的差异。

所有公司的竞争最后就是文化的竞争。成为一家小而美的公司，可能是渠道关系或服务驱动的；成为一家规模较大的公司，往往是技术和产品驱动的；但要成为一家顶级公司，一定是文化驱动的。

快问快答

达成目标后，你如何犒劳自己?

睡一觉。

挑选合作伙伴，你最看重的品质是什么?

第一，人生观和价值观与公司匹配。第二，热爱教育行业。第三，能力匹配。

你会给创业者一个什么样的“锦囊”?

《三体》说“不要回答”，我的建议是不要创业。

你最想改变世界的一件事是什么?

希望世界充满阳光充满爱，我过去所有的选择都从这一点出发。

如何定义“数字新浙商”?

利用数字科技提升业务效率和组织效率的一个群体。

炽橙科技纪尧华：

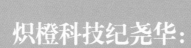

发展工业元宇宙，让年轻人回归制造业

纪尧华

炽橙科技创始人、董事长

炽橙通过数字化的技术手段，帮助人快速掌握产业技能，实现『人机数』协同，释放生产力。

现任浙大炽橙先进智能数字孪生联合研究中心执行主任、浙江省虚拟现实产业联盟秘书长、浙江省元宇宙产业协会副会长、浙江省数字经济学会理事等职。毕业于浙江大学，创业前有十年实体企业高管工作经验；2015 年创业至今，主导参与发明专利三项、软件著作权十几项，省级重大科技课题两项；曾获 2019 年中国产学研合作创新奖、2022 年度长三角人工智能十大杰出人物、2023 年度数字新浙商人物；2024 年 3 月带领团队参加国际核电工业展，以“数智新底座赋能核电新质生产力”登上央视新闻，并获《人民日报》报道。公司目前已接受 B 轮融资，是浙江省高新技术企业研究开发中心、省级专精特新企业。

毕业后从一线工程师起步，一路晋升至集团副总裁级高管，纪尧华在工业领域积累了近十年。2015 年赶上科技热潮，他跳出实体产业，用新技术反哺实业，成立了炽橙科技（下文简称“炽橙”）。

“炽代表热爱，橙代表年轻，‘炽橙’又谐音驰骋，代表创新的、自由的、心怀热爱的一群年轻人一起奋斗，一起驰骋天下。”手握 XR 技术这把“锤子”，满腔热血的纪尧华和团队兜兜转转尝试了不同行业，回过头看，发现工业是自己最了解的，也是和团队最匹配的“钉子”。

“工业最大的痛点是如何提高生产力。在泛工业的链条里，生产力的关键在于人和机器的全域协同。” 纪尧华判断，人机协同正是数字化技术能解决的。2017 年炽橙战略转型，推出了自研的 3D 交互式超真引擎，把工业信息转化为可视化的数据，再结合 XR 技术，让数据变成可自然交互的内容，并能跨平台适配产业现场的各类设备和系统。

对于一台新机器，用手机扫码就可以看到对应的 3D 模型，可以放大、缩小，进行整体或局部拆解，点击零件查看功能说明，产品说明书从文字和平面图的小册子升级成了多端可查看的云模型——背后正是炽橙虚拟现实与人工智能等技术的融合支撑。

基于 3D 可视化、可交互、场景式、跨终端同步的人机协作系统，炽橙正一步步构建起工业元宇宙的智能交互底座。在纪尧华所展望的工业元宇宙未来，人人都可以成为新时代的工程师，解决问题，创造价值。

谈创业思考丨“人机数协同”可以解决工业生产力的瓶颈

章丰：在摸索 XR 应用落地的过程中，炽橙几经探索后落脚制造业，选择工业场景的理由是什么？

纪尧华：创业前两年，我们盯着新技术催生的新应用场景，用 XR 技术在不同行业做了不同类型的尝试，经历了探索、试错、修正、聚焦的过程，也踩过很多“坑”。到了第三年，我意识到要把 XR 技术和团队的优势匹配。

过去在制造业的从业经历让我非常了解产业端存在的问题，我和团队懂工业，工业又是社会生产力最重要的组成部分，少有人涉足，所以我们把炽橙聚焦到泛工业领域。

章丰：怎么理解“泛工业”？

纪尧华：泛工业就是围绕工业往上下游延伸的业态。它包含制造业等传统的工业部分，也包含工业互联网、工业相关的职业教育和培训等上下游产业。

工业目前最大的痛点是如何提高生产力。在泛工业的链条里，生产力的关键在于人与设备的全域协同问题。如何让人更好地认知设备并使用设备？我们引入了一个新维度“数”。

通过数字化的技术手段，人和机器之间能建立更好的交互，人、机、数三者形成循环链接，提高效率，创造价值，就是我们提倡的“人机数协同”。

原来人和数字打交道是用鼠标和键盘，但这在工业上行不通，人不可能带着电脑在现场干活，但现场又需要看到数据。虚拟现实技术就可以满足需求，比如用 AR 自然交互的方式查看三维的装配工作流，节省工人的认知时间，降低装配难度。

章丰：在工业场景中，可视化和自然交互能实现数字化的提效赋能，XR 技术的实用性显得更加真实。

纪尧华：再比如产品手册，它只是产品的一个小切口，但所有企业都需要。手册内容包含故障处理、操作、维修、保养等各个环节，有些设备甚至复杂到有几箱书，需要开设专门的培训班。

XIETM 交互式电子技术手册

其实掌握一套设备，最好的方式是即学即用。在 XR 技术的加持下，手册将从传统的纸质形式替换为数字化的形式，什么界面、哪个位置、如何操作都有可视化的提示，真正解决工业生产力的核心问题。

谈核心竞争力丨炽橙提供工业元宇宙的智能交互底座和数据库

如何提高工业领域的人机协同效率？炽橙给出的方案是基于自研的 3D 交互式超真引擎系统，结合 XR 技术，实现可视化编辑、零代码拖拽式操作，做到“人人看得懂，人人会操作”。针对不同场景的需求，炽橙推出了云手册、云展厅等产品，并打通了大屏端、VR 端、AR 端、手机端四端，一键多端同步调用数据。

章丰：很多同行都在探索 XR 技术的应用，你认为炽橙在行业里处于什么位置？

纪尧华：我们也一直在反思，在整个产业链条中，哪些是有长线价值的？如何拿下产业相对关键的制高点？从客户需求倒推，企业的数字化尤其是中大型企业的数字化，最大的问题不是缺数字化系统，而是并行的多套系统之间数据不能打通。再者，如果每次都做定制化开发，随着业务量增长，公司人力也需要不断增加。所以我们分析，必须提供工具。

综合考虑，炽橙选择打造一套工业元宇宙的底座系统，融合了虚拟现实的自然交互技术，数据之间可以跨端调用，可以支撑不同的设备。我们搭建好数据库，把模块都写好，实现拖拽式的可视化编辑，相当于给企业提供“铲子”，改变了传统工业的生产模式。

炽橙 3D 交互式超真引擎

章丰：炽橙提供部分 PaaS 层的能力？

纪尧华：对，炽橙的工业元宇宙解决方案中包含 PaaS 层的工具引擎，后续还有 SaaS 化的产品部署。这套底座就像是工业版的 Adobe 工具，交付后支持工具升级，客户可以注册账号自己生产内容，也可以采购我们的内容服务。对于有保密要求的单位来说，这套底座也很友好。

工具之外，数据库也很重要。炽橙正在建立工业领域的 3D 标准件体系，比如螺丝、螺母、螺帽等，已经积累了数据量超过 40 万的 3D 模型数据库。

当数据库中的数据量突破百万级别后，常规产品中的零部件就基本不需要建模，客户从库中挑选、拖动组装就行。

章丰：底座和数据库建设需要长期的投入，很考验创业公司的耐心和实力。

纪尧华：相比其他行业，工业对 3D 产品的精确性要求更高，难度系数更高，门槛也更高，需要长周期的投入。一旦底座和数据库建成，炽橙的壁垒也会足够高。

底座和数据库在建立的过程中会形成体系，从客户沟通、解决方案到交付模式，整个链条深度垂直，为工业赋能。底座建成后，我们的创作者会越来越多，专业领域的工程师可以用炽橙的工具创作自己擅长的内容，持续完善数据库。

章丰：从商业模式来看，可以售卖工具，也可以提供包含工具和内容的闭环服务？

纪尧华：对。第一种模式是软件服务和内容开发服务全部由炽橙完成，在这个过程中也可以不断优化工具。第二种模式是客户直接购买底座和工具软件，按年付费。目前炽橙已经开放测试 SaaS 化平台，用户可以在线成为会员创作内容。第三种模式是在 PaaS 层的基础上，由合作伙伴担任行业解决方案的深度运营者，为客户提供内容和解决方案，利润采用分成模式，更偏向平台级“打法”。我们正在探索，目前海外有一些潜在合作伙伴，因为设备出口，需要印刷多语言版本的手册，使用可视化的云手册融合智能语音，可以大大提高效率。

谈工业元宇宙 | 让年轻人回归制造业成为可能

章丰：元宇宙的边界非常宽泛，需要在具体的场景中把能力落地。你如何看待工业元宇宙的概念以及目前所处的阶段？

纪尧华：元宇宙的闭环落地和商业模式其实很讲究。目前一些元宇宙应用有开发者、社群、交易的闭环，甚至有平台化趋势，但没有打通底座和创作内容模式，它还是像一款游戏，不是完整的落地应用。

工业元宇宙是元宇宙最容易发展起来、有实际落地价值的赛道，而且是受国家支持的方向。从工具底座到内容开发、数据库建设，再到社区平台、融合云，炽橙现在基本达到了工业元宇宙闭环的初级形态。

章丰：工业元宇宙现阶段要解决什么问题？

纪尧华：目前的核心问题是，工业领域有太多软件和数字系统，格式无法统一标准，数据无法共享。炽橙建设的底座都采用 USD 格式（一种易于扩展的开源 3D 场景说明和文件格式）。统一格式只是打通数据的第一步，数字资产、数字内容如何互相调用和交易？怎么付费和追溯产权？国家提出“数据要素”的命题，就是要解决这些问题，数据要素价值化实现后，整个元宇宙才真正开启。

真正的元宇宙是实现万物互联，底座内部的数据都贯通，所有的实体都可以在虚拟世界中模拟一遍。比如打造工厂的深度数字孪生体，可以调用历史数据推演未来的情况；一些涉及民生的重大项目，比如地下燃气管网等，都可以通过建立数字孪生体，实现可视化的精准管理。

章丰：目前元宇宙只是在生产、设计、设备交互环节落地，未来更重要的是实现整体的数字孪生和数据要素流转。

纪尧华：是的，元宇宙会进一步演化，打破行业之间的壁垒。目前炽橙在杭钢集团的投资支持下成立了新板块，探索将5G+XR技术应用于工业领域的职业教育。

我们推出了数字化立体课堂系统，用XR技术打造了“元智训”平台。在元宇宙的生态中，学生不需要上课，直接在模拟的产业场景中完成学习和实训，真正实现产教融合、工学一体。职业教育的数字课程内容最终由产业里真正的工程师、老师傅来编写，需求变化能即刻反馈到教育内容上，推进人才供给与产业节奏同步。

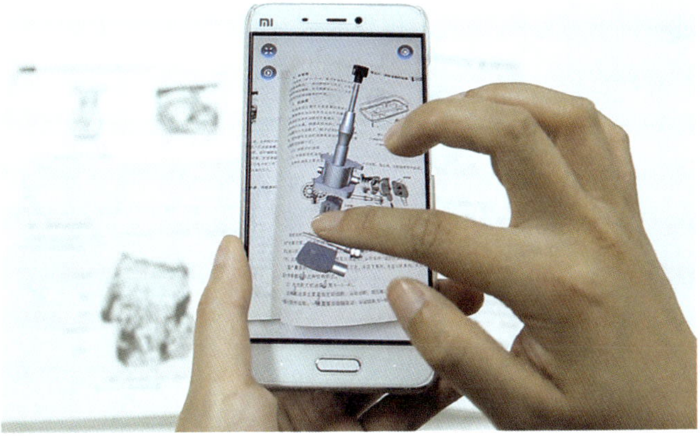

在“元智训”平台上扫描教科书图片就能看到对应的3D模型

章丰：在元宇宙技术的支持下，产业教育的传统模式正在被颠覆，可能给工业的人才生态和教育生态带来根本性的改变。

纪尧华：元宇宙让学习完全可视化、在线化、实时化，教育的封闭性也会被打破。山区等落后地区往往招不到合格的工人，而借助我们的平台，工人培训可以实现跨越，满足产业需求。

工业元宇宙最后的落脚点是知识高度积累的社群，“硬核”的知识点会形成知识库和知识图谱。近期炽橙也在尝试搭建行业大模型，形成知识图谱。

比如，我们把汽车产业的知识点集合起来，用AI扫描重建结构，把知识结构匹配3D模型。原来汽车及零部件产业一年有10万张检修工单，有的还是手写工单，新来的年轻工人遇到故障，只能在仓库里找写了这个故障的那一张工单。借助炽橙的知识图谱，工人只要提出或打字输入问题，系统就会自动找出对应的知识，各种流程和步骤都可视化。

为什么现在年轻人都不愿意去工厂？因为进车间做工程师或技术工人一般需要5～10年才能“熬出头”，学习周期长，老师傅还不一定愿意教。未来，在新型可视化数字手册、虚拟实训课堂和智能专家知识库的支持下，工业元宇宙让学习简单明了、工作更好上手，让年轻人回归制造业成为可能。

章丰：炽橙提出了“新时代工程师”的概念，在炽橙的产品和服务的加持下，会有更多的年轻人成为“新时代工程师”。

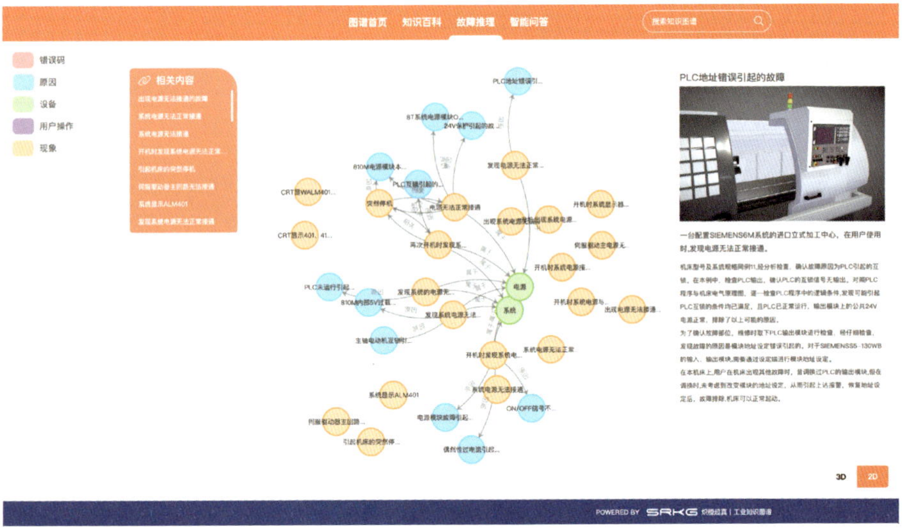

XRKG 多模态知识图谱

纪尧华：对，新时代工程师是指解决问题、创造价值的人。不只是年轻人，人人都可以成为新时代工程师。“人机数协同”的第一要点是人，数字化最终不是替代人，而是辅助人，让更多人快速甚至愉快地掌握产业技能。人的产出效率提高，社会的生产力就提高了。

谈生态建设丨用 5~10 年的时间形成产业深度融合的元宇宙生态集群

章丰：如何看待目前硬件在 XR 领域发挥的作用？炽橙是否会尝试做 XR 硬件设备？

纪尧华：硬软件及内容是相辅相成、共同往前“奔跑”的，炽橙不直接做硬件。目前，工业级的硬件要想达到很好的体验和效果，还需要很长的研发周期。

AR 眼镜还要解决大量技术问题；VR 眼镜现阶段基本成熟，但不够轻便，还需要进一步改进；全身动捕设备、逆向扫描设备等体感设备，未来的需求是明确的。XR 领域的硬件水平，现在看还处于类似“大哥大”的早期阶段。

章丰：大哥大，很形象。

纪尧华：绝大部分 3D 内容可以在电子屏上看明白，没必要完全实现沉浸式，目前的屏可以轻量化地搭载 3D 交互体验，所以炽橙的产品打通了手机端和大屏端。至于 VR 端和 AR 端，我们选择与专业的企业合作，接入产品，等眼镜和智能终端普及，炽橙也会积极接入更多先进的 XR 硬件。

中国有最完备的工业细分领域的应用场景，未来，硬件、软件、内容相辅相成，反复迭代，中国的工业元宇宙可以走到世界前列。

章丰：你还是浙江省虚拟现实产业联盟的秘书长。在炽橙的生态布局里，联盟是怎样的定位？

纪尧华：早期刚接触 VR 时，国内没有专业对口的人，大家都是跨行来的，但我们发现客户需要的是呈完整闭环的解决方案，硬件、软件、内容都要有。一家公司不能实现所有环节，于是我们考虑成立联盟。

浙江省的营商环境、人才、文化为联盟提供了很好的基础，在省经信厅、发改委等部门的指导支持下，我们于 2019 年成立了浙江省虚拟现实产业联盟。

联盟的第一阶段是“抱团取暖”，企业、高校联合起来打通产业链条，包括软件、硬件、网络、建模、逆向 3D 等领域的企业联合起来，各自攻克自己最擅长的部分。

2019 年前后，行业进入相对成熟期，活下来的企业都找到了自己的路，联盟就进入第二阶段，注重学习借鉴、方案融合，联合发展。

现在到了第三阶段，活下来的企业在某些领域形成了独特的竞争力，面临如何发展壮大的问题。

我认为必须把客户方和产业方也拉进来，既有纯做技术的，也有做场景应用的，联盟才能形成完整的闭环链条，覆盖垂直纵深领域的数字化解决方案和知识库，完成生态共建，并有望用 5～10 年的时间，真正形成产业深度融合的元宇宙生态集群。

快问快答

达成目标后，你如何犒劳自己？

带女儿旅游。

挑选合作伙伴，你最看重的品质是什么？

可靠。

你会给创业者一个什么样的“锦囊”？

紧盯价值。

你最想改变世界的一件事是什么？

让人人都成为工程师。

如何定义“数字新浙商”？

持续迭代自己。

蓝象智联童玲：

做好安全流通技术方案的提供者和数据要素价值的挖掘者

童玲

蓝象智联创始人兼董事长

蓝象智联依托隐私计算技术和数据要素运营能力，促进数据价值安全流通，释放数据要素生产力。

现任蓝象智联创始人兼董事长。曾担任蚂蚁金服首席架构师及芝麻信用 CTO，推出了中国第一个完全架构在云上的银行核心系统，蚂蚁区块链及隐私计算平台创始人。拥有超过二十年的金融科技和数据智能行业经验；原工商银行总行研发中心总架构师，参与金融科技从核心三代到四代系统的升级及网上银行系统的创立，U 盾发明人。曾作为行业代表与来自清华大学、北京大学等的专家联合参与国家数据要素市场基础制度前期编写与研讨工作，曾获评浙江省 2023 年度数字新浙商。

从中国工商银行总行研发中心总架构师，到蚂蚁金服首席架构师、芝麻信用 CTO、蚂蚁区块链及隐私计算平台创始人，童玲是中国金融科技变革的深度参与者，也是中国隐私计算技术的早期实践者，如今她一头扎进数据流通的“蓝海”，开辟新的航道。

“如果给自己贴标签，我应该是‘女架构师’，我喜欢体系性的框架，化繁为简。”多年架构师的思维让童玲擅长从全局视角出发，简单寒暄后她就打开电脑，开始了这场访谈。

外界看蓝象智联这家公司，总将视野锁定在隐私计算，童玲则很明确，要在更广阔的数据要素市场坐标系中定义蓝象。2020 年 3 月，蓝象智联（下文简称“蓝象”）成立第一天，她就确定将“促进数据价值安全流通，释放数据要素生产力”作为公司使命，与此后“数据二十条”的政策目标不谋而合。

在她看来，数据要素市场不是从 0 到 1“长”出来的，而是大数据产业的升级版。经历了高速发展的大数据产业，要解决合规安全这把“达摩克利斯之剑”。凭借隐私计算的技术能力和数据运营的经验，蓝象团队从最熟悉的金融领域切入，打透数据安全流通和价值生产两个环节，沉淀方法论和工具，并逐步向政务等领域扩展。

“2022年以来，国家密集出台了多项与数据要素市场相关的重磅政策，可以说形成了有史以来最完备的制度。”政府和市场相向而行的合掌，正推动数商产业进入一个壮阔的大航海时代，征途上，有激越人心的扬帆，也有无法预知的风暴。

而保守者眼中的风浪，恰是创新者心中的风景。

谈数据要素市场丨制度、合规、安全化解了大数据产业的“达摩克利斯之剑”

章丰：你深度参与了中国金融科技的变革，又作为行业代表参与“数据二十条”的早期调研编制，回看蓝象的创业历程，每一步都和数据要素市场紧密相连。

童玲：我想先和你们探讨整个数据要素市场及政策的发展，这样才能理解蓝象的定位和独特优势。

2022年12月以来，国家密集出台了四条与数据要素市场相关的政策，“数据二十条”、数据资产入表试点、组建国家数据局、《数字中国建设整体布局规划》，可以说形成了有史以来最完备的制度。

章丰：数据资产入表试点是财政部的暂行规定，你把它和其他三条政策并列，是认为它同等重要吗?

童玲：数据资产入表是促进数据要素市场发展的举措之一，试点启动正是从经济价值的角度促进“数据二十条”落地。

2022 年 12 月

中共中央、国务院印发《关于构建数据基础制度更好发挥数据要素作用的意见》（“数据二十条”），明确数据要素流通中的各相关方权益责任和义务。

2022 年 12 月

财政部发布《企业数据资源相关会计处理暂行规定（征求意见稿）》，数据资产入表试点启动

2023 年 2 月

中共中央、国务院印发《数字中国建设整体布局规划》，制定政府数据要素开放的工作规划

2023 年 3 月

中共中央、国务院印发《党和国家机构改革方案》，提出组建国家数据局

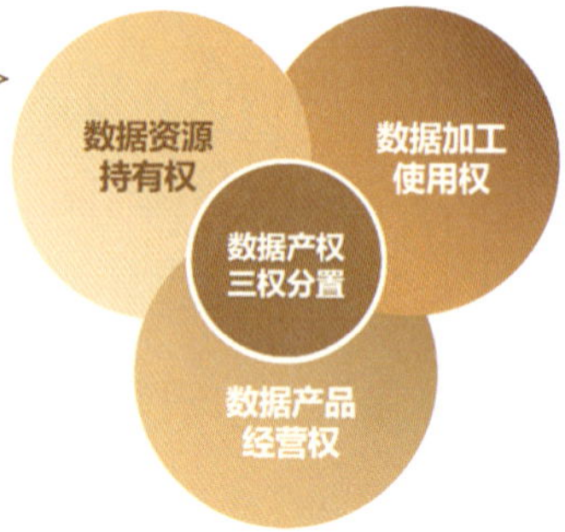

“数据二十条”提出“三权分置”的数据产权制度框架

数据要素市场相关政策密集出台（内容来源：蓝象）

当前数据要素市场存在数据供应不足的问题，每个人都希望使用别人的数据，但分享自身数据时又有所顾虑。数据资产入表能带来驱动市场经济的力量，数据流通后能证明自身价值，让数据资产的持有方愿意分享数据，推动更多拥有数据资产的企业进入市场，促进数据的流通和交易。

章丰：企业很关注数据资产入表工作，这方面进展如何？

童玲：当前数据资产入表主要是按成本法（注：根据形成数据资产的成本进行评估的一种估值方式）计量，真正体现出数据资产的价值需要一个过程。

章丰：成本法也有其合理性，比如地方政府可以把数据资产纳入政府的资产负债表，进一步提升公共部门建设数据资产的积极性。

童玲：所以数据资产入表体现出直接的经济价值。另外，“数据二十条”中我认为有两条内容非常重要。

一条是“探索数据产权结构性分置制度，建立数据资源持有权、数据加工使用权、数据产品经营权等分置的产权运行机制”，也就是明确了“三权分置”的数据资产确权方式，从制度体系层面淡化了数据所有权，代之以持有权，更强调数据流通。

另一条是“鼓励公共数据在保护个人隐私和确保公共安全的前提下，按照‘原始数据不出域、数据可用不可见’的要求，以模型、核验等产品和服务等形式向社会提供”，从保护数据安全的角度提出了对隐私计算技术的需求。

数据要素市场不是从 0 到 1“长”出来的产业，本质是过去大数据产业的升级版。大数据产业经历了高速发展后，最大瓶颈就是合规安全。数据究竟属于谁？数据怎么安全使用？仍然是悬在头顶的“达摩克利斯之剑”。

“数据二十条”提出的这两条政策，首先是确定产权，促进数据合规问题的解决；“原始数据不出域、数据可用不可见”则解决数据安全问题，在保护隐私的情况下，促进数据流通。制度、合规、安全，国家所主导的数据要素市场解决了过去大数据产业的“达摩克利斯之剑”。

章丰：在顶层设计引导下，你预判数据要素市场会如何发展？

童玲：数据要素市场可以对标土地要素市场。

土地要素价值释放的逻辑是：土地资源即原始土地，对其附加劳动力，产出商品房和农作物，在市面上售卖和流通。土地的转让涉及的不是所有权，而是使用权。

数据要素价值释放的逻辑同理。数据资源是原始数据，在原始数据上附加计算和算力，最终产出数据产品，进入市场流通和售卖。这几个环节对应了“数据二十条”提出的数据资源持有权、数据加工使用权、数据产品经营权的产权分置。

数据要素价值释放逻辑（内容来源：蓝象）

章丰：最终数据要以产品的形态进入流通环节。

童玲：数据产品是原始数据和应用场景之间的重要纽带。什么是数据产品？比如蚂蚁的芝麻信用，就是数据加工形成的数据产品，通过信用分，可以分析用户的信用情况，判断能不能给他租自行车、充电宝等。

未来数据要素市场是个两级市场，一级市场是数据资源市场，对应土地市场；二级市场是数据产品和服务市场，有点像房地产市场，把原始数据计算加工成可流通的数据服务、应用和产品。

谈数商 | 蓝象将自己定位为隐私计算与数据要素运营服务商

章丰：蓝象的定位是“数商”。数字经济学会发起了“未来数商大会”，我们发现“数商”是一个足够新的概念，它的定义五花八门。你们怎么定义“数商”？

童玲：“数商”一词来源于“数据二十条”中提出的“所商分离”（数据交易场所与数据商功能分离）。国家发改委网站上曾发文明确数商在市场中的定位，它扮演三大角色：一是技术方案提供者，通过技术促进数据要素在市场中流通；二是数据价值发现者，通过产品发挥数据价值；三是交易合规保荐者，保证数据合规和安全的流通交易。* 相对应的，数商可以分为三类——技术类数商、产品类数商、撮合类数商。

蓝象定位于前两个类型，做好安全流通技术方案的提供者和数据要素价值的挖掘者，我们专注于两件事：一是数据安全流通技术，基于自身的隐私计算技术能力和算力支撑，基于多年的实践，我们打磨出了隐私计算平台、数据要素流通运营平台、可信空间、数据沙箱等产品体系，解决数据安全流通的问题；二是数据要素运营，我们团队的成员来自芝麻信用、花呗、借呗等，有丰富的数据变现经验，擅长把原始数据加工为数据产品，解决数据产生价值的问题。

---

* 《大力培育数据商新业态　构建开放高效的数据要素市场生态体系》，国家信息中心大数据发展部，于施洋、易成岐、黄倩倩，2022 年 12 月 20 日。

通俗地说，我们首先要“修路”，用隐私计算技术修一条数据安全流通的新路。过去大量的隐私计算厂商只负责“修路”，但从市场化的角度看，修好了路，还得有“车”愿意来跑。所以我们修好了“路”，还要让路上能跑“车”，至少把样板的数据产品“跑”起来。蓝象因此深入金融、政务等领域，搭建数据运营团队。

聚焦数据加工使用权和数据产品经营权，蓝象将自己定位为隐私计算与数据要素运营服务商，打通数据安全流通和价值生产这两步，这也契合了“数据二十条”的中心思想——“促进数据合规高效流通使用，赋能实体经济”。

章丰：我们在梳理数商产业图谱时观察到，很多企业同时贯穿产业链的基础技术、产品应用等环节，蓝象也是比较典型的，这些企业在产业中该如何定位？

童玲：企业发展早期的更好选择是跨环节，只有跨越才能打通全链路，促进产业和生态的发展。比如淘宝商家初期什么都干，卖商品、生产商品、搭建店铺，生态完善后才逐渐出现专门帮商家做店铺的企业等。现在数商生态处于早期阶段，数据变现的链路非常长，蓝象选择横向打造数据要素运营技术平台体系，纵向选择部分数据要素流通场景进行应用验证。

理解了数据要素市场的各个环节，可以判断不同企业在市场中的位置。比如做数据中台的企业更多面向数据一级市场（即数据供应端）提供相关服务，本质是帮助数据资源持有方进行数据治理；隐私计算企业则为数据的流通安全提供技术能力。

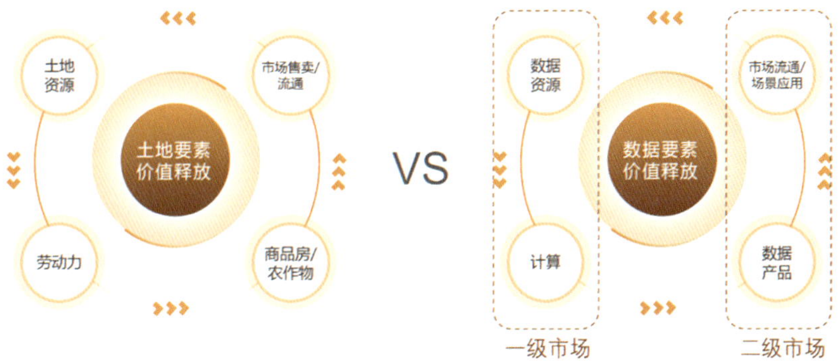

数据要素市场定位（内容来源：蓝象）

蓝象同时具备隐私计算和数据运营的能力，所以横跨数据计算和数据产品环节，专注解决数据外循环问题，发掘数据价值。当然蓝象也不是大而全地打通链路，而是围绕垂直行业切入，比如我们在金融领域已经有完整的产品体系和解决方案，正在支持政府领域的数据流通。

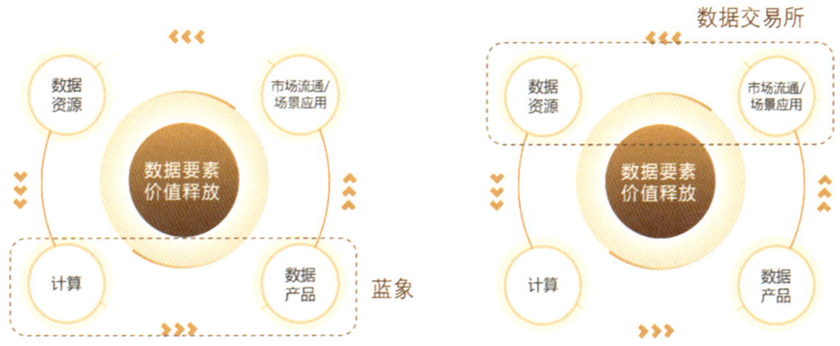

蓝象市场定位 / 交易所市场定位（内容来源：蓝象）

章丰：数据交易所属于市场流通这一环节？

童玲：交易所横跨数据资源和市场流通环节，在一级市场中它负责数据资源持有权的认定，在二级市场中它也涵盖场内交易的数据流通。

不是只有交易所的场内交易才叫数据要素流通，市场流通环节包括场内交易和场外流通。“数据二十条”的核心在于强调数据要素流通，交易只是流通的一个手段，目的都是让数据产生价值。这一环节的逻辑可以对标金融要素市场，场内只有资金交易，但场外有各类市场化行为，比如信贷等产品，对企业进行授信和放贷，同样是金融要素赋能实体经济的重要手段。

在数据要素市场中，数据要素持有权需要在场内登记确权，但场外可以通过数据产品流通，赋能实体经济。只有通过场内场外结合的手段，才能真正把整个市场规模做大。

谈数据要素运营丨隐私计算只是“炒菜”的铲子，蓝象提供“厨房”和“大厨”团队

章丰：蓝象的隐私计算技术和数据要素运营能力是怎样的关系？

童玲：隐私计算只是一个加工数据的工具，没有这个工具不行，但光有工具也不行，它解决不了数据产生价值的问题。打个不太形象的比方，如果把数据看作原料，数据中台企业就是“后厨”，他们把数据原料清洗

加工成标准化的数据资产，而隐私计算是“炒菜”的“铲子”。

蓝象推出了“公共数据要素流通运营平台”，这是基于隐私计算技术的升级平台，就像“共享厨房”，提供数据处理的工具组合，炒出来的“菜”就是数据产品，进入市场流通运营。

现在各地政府都想做公共数据授权运营，但不知从何下手。我们首先提供隐私计算这把“铲子”，在可用不可见的情况下“炒菜”；再提供运营平台这一“共享厨房”，附带多种工具，可以处理敏感数据，也可以支持基于明文API（应用程序编程接口）的数据流通等。政府刚拿到“厨房”时不会使用，我们则有专门的数据运营团队，相当于“大厨”团队，和政府一起先打造数据产品的“样板菜”，送到“餐厅”里售卖，把数据流通的全链路打通。

蓝象是一家不碰数据的数据要素运营商。“数据二十条”鼓励公共数据“按照‘原始数据不出域、数据可用不可见’的要求，以模型、核验等产品和服务等形式向社会提供”，很多人不知道怎么解读。“公共数据要素流通运营平台”是业内首个真正能实现“数据二十条”落地的平台，支持数据要素在产品中进行运营和变现。

章丰：隐私计算还是比较昂贵的技术，技术效率和商业成本之间存在博弈。普通的地方政府用得起蓝象的“厨房”吗？

童玲：并不是所有客户都需要五星级“厨房”；我们的“厨房”是可装配的，可以为客户提供性价比合适的零部件方案。

比如我们的“共享厨房”里最受客户欢迎的功能之一是“数据价值试

衣间”，能够一次性对接多个数据源进行快速的价值探查。先把样本数据灌入测试，探查评估数据价值，先试后买，再进入数据产品工厂生成产品，降低流通过程中的试错成本。这有点像“农家乐”，客户直接先看菜，选好了想要的菜，再送进厨房炒。

章丰： 提供做菜示范的“厨师”也很重要。长远来看，蓝象主要是提供“厨房”，更多的“厨师”来自外部。你们“厨房”的友好度目前达到了什么水准？

童玲： 我们平台的最大特点是生态化，第三方空中建模、空中分析。相当于“厨房”里所有的“菜”都码上来了，无论是我们自己的“厨师”，还是生态合作伙伴进来，只要有足够的能力，就可以基于这套工具“炒菜”，生产出数据产品。

谈能力移植丨数据价值需要“从场景中来，到场景中去”

蓝象团队从最熟悉的金融领域切入，在普惠金融、助农惠农、诈骗防控等实际场景中落地实践，构建起隐私计算和数据运营的产品线，实现数据在“可用不可见”的情况下释放价值。目前，蓝象已与上百家金融、运营商及互联网机构达成合作，并在政务领域展开探索，进一步实践“数据二十条”的落地。

章丰： 蓝象目前聚焦金融和政务两个领域，但未来这种“隐私计算 +

数据要素运营”的能力可以移植到其他行业。

童玲：是的，我们分析数据要素流通的应用领域，金融、营销、政务目前占比超过80%，其中金融占比50%，行政监管、工业制造、医疗等都是未来可以发展的方向。

我们的商业逻辑是先在某个领域摸索出成熟的模式，比如怎么实现数据的安全流通、如何加工成数据产品、怎么变现和收费等，再将这套成熟模式提炼为最佳经验，应用于其他行业，目前蓝象已经在金融领域“跑通”了模式。

章丰：其实是你们在金融领域摸索出的一套方法论。

童玲：对，一套方法论以及沉淀下来的平台和工具。

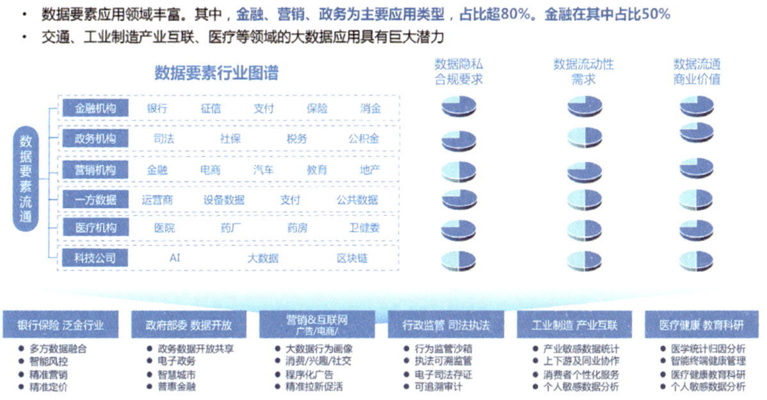

数据要素流通应用行业分类分析（内容来源：蓝象）

都说数据产品化，到底怎么在场景里把数据用起来？很多人不知道怎么把数据变成产品，他们仿照过去工业时代的产品化，就像把电子元件组合成手机，做一堆数据组件加工成 App 售卖，这种模式完全不适用于数据产品。

在确保数据安全和价值创造的前提下，数据可以被持续利用的前提是“从场景中来，到场景中去”。在具体应用场景中持续产生的数据，在价值层面是“保鲜”的，在供给上是持续的；只有应用到具体场景中的数据，才是有清晰价值体现的，而且是持续被需求的，同时也会反向推动数据供给的完善。

比如我们做金融反电诈的数据产品，接入了多种数据资产，有三大运营商的数据、SDK（软件开发工具包）的数据、互联网平台的数据等。但同样的数据产品，不同的银行客户拿样本测试的效果不同，本质上是因为场景里的用户群体不同。

章丰：金融业务的标准化程度高、数字化基础扎实。对于其他行业，比如制造业这类有细分的行业，数据产品的设计会不会更复杂?

童玲：数据加工的逻辑可以是共通的。我们沉淀多年总结出了四种基本的数据产品。API 服务类，把数据资产简化为 API 服务，做核验和查询；评分类，比如信用分、风控分、营销分等；报表类，多方数据联合分析产生 BI 报表支持决策；指数类，从数据中提炼出对决策有价值的内容。蓝象的“共享厨房”配备了这四类数据产品的加工引擎，可以满足大部分行业的需求。

此外我们有很多场景的落地实践，比如普惠金融案例，采用银联的数据帮助某国有大行，为小微企业授信和放贷。我们把链路分为三个阶段，第一个阶段是数据准备。银联作为数据持有方，需要确认它的持有权。其中数据授权是重点，需要银行授权我们加工数据。

第二个阶段是价值挖掘。国有大行和银联的数据融合应用，双方联合建模，创造出适用于场景的数据产品。在建模过程中，我们使用了隐私计算的匿名化技术，设计出用于计算小微业主信用评分的产品。

第三个阶段是流通交易和场景应用。在前两个阶段的基础上再增加基于最小化场景授权，在生成数据产品时一定要设计出让数据拥有方获得数据收益的场景，比如通过信用评分给予信用额度，增强拥有数据的企业的授权意愿。

谈数据链路痛点 | 只有数据流动起来，才能发现价值

章丰：“厨房”和“厨师”有了，实操中还可能存在“菜”的问题。数据源的数据质量会影响数据产品的效果，你们有遇到过这样的问题吗？

童玲：金融行业的数据质量是最高的，我们在扩展到其他领域时确实会面临数据质量的问题。但无论“好菜”还是“烂菜”，只有拿出来加工成“餐品”，有人“品尝”，才能验证它的质量。只有数据被用起来、流动起来，才能解决数据质量的问题。如果数据资产堆在仓库里，永远没人发现它的价值。

章丰：只有转起来才有迭代改进的机会，否则就算内部数据治理设施做得很好，数据没能流通产生价值转化，也很难验证治理的质量。

童玲：所以我们提倡场景驱动，不要一来就大量投入数据质量治理，结果发现最终的数据产品不一定能用，而是将数据产品在场景中用起来后，再去真正解决数据质量的问题。

从数据源到数据资产、数据产品，再到流通和协同，数据要素落地是一条很长的链路，存在诸多难点和挑战。

数据质量和供应不足是第一大问题。第二是隐私安全的问题，不光涉及隐私计算技术，还包括合规链路的设计、场景授权、采集授权等，不同场景的数据合规设计链路不同，它需要一整套面向场景的合规方案，这方面蓝象也积累了大量的经验。第三是数据价值“盲盒”的问题，在数据使用前，无法判断它的价值。还有数据定价和收益分配问题，我们已经在金融行业完全“跑通”了商业链路，可以按调用收费、按平台扩展收费等。最后是监管和多方协同治理的问题。

章丰：在实际落地过程中，对数据定价和收益问题，你们有哪些经验？

童玲：数据产品的定价有点像二手房买卖，有报价、估价、议价的过程。蓝象的“数据价值试衣间”重点就是解决数据价值“盲盒”问题，从而确定数据定价。先由数据源报价，我们作为中介方，使用“数据价值试衣间”评估数据对买方的贡献值，比如告诉你这个数据到底贡献度是多少，提供相应的数据估值报告，最后买方和卖方讨价还价，达成共识。

市场中，数据产品的定价方式有两种，一种是按照产品本身进行定价，一种是按业务效果进行收益再分配，其实就是“数据二十条”中提出的“由市场评价贡献、按贡献决定报酬机制”。

章丰：数据分润是清晰且可持续的模式。

童玲：数据分润的难点在于，流通的数据通常由两方或者三方以上贡献，谁应该多分钱？对于这种情况，蓝象基于贡献度评估算法，可以分析每个数据在最后的数据产品里所产生的贡献值，这些都是我们在数据要素运营过程中积累的经验。

章丰：整个链路中每个环节都非常关键，有一个bug（故障）链条就崩了。

童玲：每个环节都不能跳过，所以打通全链路需要有对技术和合规制度的理解，还要能“跑通”商业化链路。

快问快答

达成目标后，你如何犒劳自己？

吃火锅，能让我产生多巴胺。

挑选合作伙伴，你最看重的品质是什么？

志同道合。

你会给创业者一个什么样的“锦囊”？

胆子大，速度快。创业是一边跳悬崖一边造飞机，在落地前造出飞机，才能够活下来。

你最想改变世界的一件事是什么？

多开点火锅店吧。

如何定义“数字新浙商”？

敏锐，又快又狠。

来未来科技玄难：

中台之上，呼朋唤友“来”未来

墙辉（玄难）

来未来科技创始人 熙牛医疗首席执行官

来未来提供中台方法论和可落地的配套技术体系，实现医疗生产要素的数字化和调度优化。

毕业于浙江大学。在电信行业从事核心系统技术和架构工作十二年，2009年加入阿里集团，构建多个领域的阿里商业操作系统。2015年起主持阿里“中台战略”架构工作，是阿里“中台战略”的践行者。具备丰富的大型企业数字化转型实践经验、大型复杂业务系统架构经验，团队管理规模超3000人，从阿里离职前曾任集团副总裁（P11）。2020年1月，从阿里离职创办来未来科技，打造行业数字化新基建。首先在医疗卫生行业落地“业务、数据双中台方法论”， 已获得包括浙江大学医学院附属第一医院、复旦中山医院、北京协和医院、贵州医学院附属医院等在内的一批优质客户。来未来科技受到红杉、元璟、阿里、银杏谷等资本多轮连投，已累计融资超6亿元人民币。

近年来，中台的热度不断推高，伴随着是“风口”还是“炒作”的争议，风云际会，百家争鸣。2020 年，原阿里巴巴集团副总裁墙辉（玄难）宣布创业，成立来未来科技（下文简称“来未来”），中台赛道再掀新浪花。

在阿里十余年间，玄难从 P8 一路升迁至 P11，离职前任职阿里巴巴集团副总裁，负责过资金结算平台的开发设计，管理过大型研发团队，参与过电商云平台的研发，创建了阿里通信事业部……他更广为人知的身份，是阿里“中台战略”最核心的践行者。

玄难把对中台多年的思考注入来未来，通过“业务中台”“数据中台”，致力于打造企业智能中台，助力企业数字化。随着熙牛医疗并入来未来，医疗行业率先成为玄难中台方法论的实践阵地。

“企业数字化的核心是提升进化速度，中台就是站在企业经营和产业链的角度，打通核心价值链，实现生产要素的数字化和调度优化。”跟随玄难的目光，我们得以穿越中台的层层迷雾，探寻产业终局。

谈中台理解丨中台是从企业经营角度出发，实现生产要素的数字化和调度优化

章丰：你从浙江大学材料系毕业，职业生涯却一直围绕软件行业。学的是原子世界，干的是数字世界，跨度挺大的。

玄难：上学时我已经对计算机有兴趣了，虽然当时材料系的电脑少一些，但浙江大学学习环境开放，像计算机、生仪（生物医学工程与仪器科学）等很多系的机房都对外开放，每小时1元，我基本上一天到晚都泡在机房里，还考了高级程序员。

材料学对逻辑思维的缜密性要求很高。材料学存在了上千年，从烧窑、焊接到铸造，涉及数学、物理、化学、流体力学等多学科知识，基础理论扎实；还涉及实践经验，比如高炉炼铁时怎么测量锰含量，老师傅怎么通过铁水的火花判断铁含量。进入软件行业后，我经常接触大型系统架构的任务，面对多角色、多变化的系统，体系化的学科思维训练让我能快速理解和解决问题。

章丰：从阿里中台的初期搭建，到来未来今天的双中台实践，你对中台很有发言权。到底怎么理解“中台”？

玄难：“中台”只是一个称谓，就像一千个人心中有一千个哈姆雷特，关键是看我们要解决企业或行业遇到的什么问题。信息化催生了大量软件，比如Excel处理图表、CRM（客户关系管理）管理客户、BI采集分析数据……这些都是一线业务操作提效的工具，帮助业务人员更快更好地解决问题。

随着企业发展、规模扩大，还以业务操作功能的视角做软件，已经无法满足复杂多样的需求，这就需要向企业经营的思路转变。

原来的软件模式就像城乡接合带，各部门自己建设不同的楼，底下的管线互不连通。当城市面临更大的发展需求时，已有的建设互相割裂，无法支撑。发展区域需要考虑什么？首先要明确定位。比如余杭要打造创新的数字化现代产业体系，要考虑空间怎么布局，招什么企业，引哪些人才，建多少学校、医院等基础设施。区域规划不是基于单一维度，而是着眼于全局。同理，中台的出发点是超越部门界限，将企业视为整体，从经营角度实现生产要素的数字化和调度优化。

章丰：很多人理解中台，是从技术开发的角度，将其对应所谓的后台、前台。按你的理解，从企业经营的角度去定义，中台不是简单地对应数据治理？

玄难：完全不是。很多人谈论的中台，只是提升 IT 部门的效率，那么它依然局限在单个部门，依然是解决 IT 部门的诉求。这种思路无法应对全局性问题，至少它不是我心中理想的中台。

章丰：熙牛医疗（下称“熙牛”）本是阿里健康全资子公司，在来未来成立后，熙牛被整合进了来未来。如何理解来未来与熙牛的关系？

玄难：中台的核心能力正好契合了医疗领域的痛点，有了熙牛，就让我们的思想有了在医疗行业快速落地的基础。在熙牛聚焦医疗行业的同时，来未来也会通过医疗机构数字化建设，沉淀一个多行业通用的中台技术体系，输出到其他行业。

谈中台实践丨改变传统医疗信息化的建设思路，实现产业和区域的互联互通

章丰：在切入医疗领域时，熙牛需要克服的最大瓶颈是什么？

玄难：我国医疗信息化虽已经过三十年发展，但还有巨大的提升空间。全国有上百万家大大小小的医疗机构、上千家医疗信息化相关服务商，高度分散导致医疗行业目前效率较低，衍生出不少问题。

比如在一个县里面，县医院、中医院、妇幼保健院的数据互不相通；在大城市里，即使是一所大学下辖的数家三甲医院的数据，也无法互联互通。这是我们认为要解决的核心瓶颈。

所以当我们设计中台时，是把医疗健康作为产业来看，站在区域连接的角度。一家医院的服务范围相对有限，而患者的诉求是全方位的，只有建立产业的有效连接，打通资源调度体系和居民健康服务体系，所有医疗机构信息全通，服务才能全面。辐射的范围越广，创造的价值越大。

比如熙牛在天台县建设的“云上医共体”，融合了全县120家医疗机构，共同为当地居民服务。医疗机构是供给，居民的健康是需求，本质是要聚集并打通供给和需求，进行高效匹配。实现区域一体化后，县、乡镇、村三级一体化，数据全部上云，互联互通后，患者可以享受远程门诊、远程会诊、双向转诊。要想实现跨区域、跨层级的医疗资源匹配，要从底层出发，逐级往上层应用构建。因为越深入底层，它的模型越清晰，同时也是在快速演进的。

章丰：这就对应熙牛的核心能力，你们采取的“双中台”策略了？

玄难：是的。熙牛服务于医院和卫健客户，基于业务、数据双中台，构建新一代医疗卫生数字化基础设施与生态体系。自主研发HBOS（医疗业务操作平台）、HCOS（区域智慧协同平台）、HDOS（医疗数据智能平台）、HMOS（医疗智慧管理平台）四大主力产品，为医院客户打造智慧医院数字化解决方案，为卫健客户打造区域医疗健康数字化解决方案，助力智慧医院和县域医共体数字化建设，助推医疗健康行业数字化升级。

熙牛打破原有医疗信息化产品以单一业务或机构为中心的设计模式，支持单体医疗机构的数字化转型，也适用于跨区域、跨层级的医疗资源高效匹配，将分散在各个业务中的应用能力集中管控，通过应用能力的标准化和产品化支持不同机构、不同服务人员的差异化业务流程。

章丰：很多服务商是从医院信息化或智慧医院的角度切入，而熙牛是着眼于区域和产业的角度去架构方案的？

玄难：熙牛的最终目的是用技术手段，帮助政府整合社会上各种医疗健康资源，为人民提供更好的医疗健康服务。要完成这个目标，医院是“必经之路”。因为医院是医疗健康产业最核心的战略高地，否则打造医疗健康资源的网络无从谈起。但是，面向智慧医院的数字化解决方案要改变传统信息化的建设思路，不是围绕业务建设一个个“烟囱”，而是实现医院核心医疗资源数字化、核心业务能力产品化。

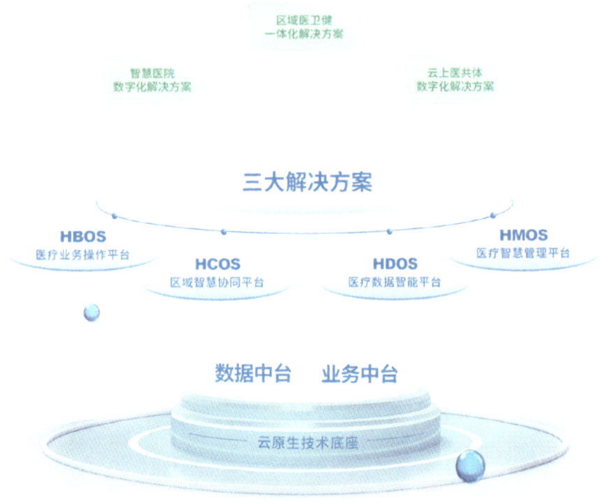

熙牛生态

比如目前浙江大学医学院附属第一医院（下文简称“浙大一院”）下辖的四大院区，全部上线熙牛的云 HIS（医院信息系统），可以展开全局性的检查、调配床位等医疗资源，从管理上通盘着眼，全局决策后，通过系统直接下达所有院区。后续还将打通浙大一院与托管医院，如托管医院遇到疑难杂症，可以联系浙大一院发起线上会诊，对于无法处理的病人可以安排迅速转院，术后再转回至托管医院进行康复治疗，一体化与个性化同在，千人千面，按需使用。

谈市场策略 | 不做生态，产业就不会发生质的变化

除浙大一院、天台医共体外，熙牛基于中台的数字化建设，还在复旦

大学附属中山医院、北京协和医院、上海市老年医学中心、贵州医科大学附属医院等综合医院，以及余杭区、临海市、巍山县、子洲县等县域医共体落地。从一线城市的大型三甲医院到各级县区医共体，熙牛要打造的新一代医疗健康数字基础设施雏形初现。

章丰：熙牛目前服务的对象以三甲医院等标杆客户为主，这可能会形成更强的示范效应。在这些解决方案中，上层应用的部署是熙牛来做，还是交给生态伙伴？

玄难：当前熙牛提供端到端的服务，开发部署上层应用的活儿我们自己也做。因为目前还缺少足够的案例，能让客户看懂中台具体如何服务于医疗领域。一旦整体生态服务体系的基座搭建完成，我们就可以专注做中台，把上层应用全部开放给生态合作伙伴，共建共享。这就好比我们在建设高速公路，需要伙伴一起建设周边的服务区等设施。

目前国家推进县域紧密型医共体和城市医疗集团建设，也对跨区域、跨层级的医疗健康体系提出了更高的要求。打个比方，原来医疗系统建设是造 5 层楼的房子，市面上有很多包工头可以完成；而现在要造 50 层楼，对包工头的资质和能力就提出了完全不同的要求。这时由熙牛提供支撑能力，协同前端服务和应用开发的合作伙伴，实现医疗资源在数字空间中的优化配置。

章丰：是否可以这样理解：先自己做行业最佳实践，“打样”完后再把前端空间让给开发者生态？

玄难：数字化不是交付一个版本软件就结束了，数字化是持续性的服务，上线仅是起点，产品需要不断迭代，这就要求打破边界、建立生态。如果端到端都是由熙牛负责，我们的服务能力有限，然而技术可以是开放的。技术上我们已经在做尝试，已联合近20家行业头部软件厂商进行产品融合，在双中台上实现第三方产品快速开发上线。

章丰：这种合作关系在熙牛的生态里会是什么模式？

玄难：目前还在摸索，包括利益分配、服务边界等。合作模式可能像苹果手机一样，应用商店的所有App都要经过审核，确保产品能力过关，避免出现病毒等对生态造成影响。同时操作系统和App升级互不影响，我们的中台不断独立升级，上层应用也可以独立升级，让合作伙伴放开手脚，自由发挥。

章丰：生态越大，责任越大，对能力的要求也越高。

玄难：不做生态，产业不会发生质的变化，必须把平台和应用分开，平台提供技术支撑，业务交给生态伙伴。只有突破这一关，来未来才能创造新的价值。

谈中台方法论丨企业数字化的核心，是提升进化速度

章丰：刚才聊到的两点——一是着眼于产业和区域视角，二是建立开放的协同生态——共同构成了你的中台方法论？

玄难：对，做了近三十年程序员，经历了从DOS单机版系统架构到

目前的复杂企业级架构，我一直在思考，如何用全新的思路，构建面向未来的开放体系？大家都知道数字化是未来，但如何数字化，技术如何结合产业发挥价值？

我们团队的核心能力是对企业经营和产业的理解，我们基于经验，构建了方法论，最终沉淀为跨行业的技术体系。来未来对社会最大的价值，就是提供一套中台方法论和可落地的配套技术体系，助力产业数字化。

章丰：从技术体系来看，来未来所沉淀的中台能力，是否可以归属到IaaS（基础设施即服务）、PaaS（平台即服务）、SaaS（软件即服务）其中的某一层？

玄难：来未来解构的是PaaS层，提供支撑数据和业务的通用工具，以支撑垂直行业数字化。市面上现有的PaaS产品主要是平台化的中间件体系，在业务方面涉及不深。来未来的技术体系可以被看作一个业务容器：把行业知识灌进去，就形成了某个垂直行业的数据中台和业务中台。

章丰：数据中台偏技术，标准化程度更高；业务中台本质上是行业经验的沉淀，不同行业可以复用，但还是存在个性化的需求？

玄难：双中台是全行业通用的。在构建技术体系时，我们抽取了行业和企业的共性问题，比如客户、产品服务体系、流程体系、组织体系、资源体系等。就医疗健康产业来说，医院可以在技术体系中定义客户是患者，产品是诊断服务和药品。

拆解一家企业产生和经营的思路，无外乎这几层：首先，创始人有想法或目标，通过工商注册有了公司；其次，通过融资、租赁、招聘等方式，吸纳社会资源，有了公司的基本形态；然后，组织团队，生产产品，销售产品，并不断地感知市场，调整决策。

所以，企业数字化的核心是提升进化速度，借助工具和体系去感知市场、整合资源、执行决策，为客户提供更好的服务，创造商业和社会价值。将来，数字化起步早的企业，进化速度会越来越快，远远抛下数字化进程晚的企业。

谈行业拓展丨将行业落地垂直化，将行业 know-how 通用化

章丰：来未来沉淀了多行业通用的中台能力，除了率先落地的医疗健康行业，还有哪些行业在你的计划之内？

玄难：我们正在探索司法、政务等领域，制造业也在观察范围之内。

选择行业时，一是看行业是否有高速集聚的态势。以前企业之间存在天然的壁垒，就像杭州和重庆的餐馆之间，很难产生竞争。互联网技术的发展打破了时间和空间的壁垒，很多行业正在高速集聚，头部企业对数字化的需求更高。近几年政府在数字化方面决心明确、步调快速，数字化大幅提升了执政效率，将催生更高的数字化需求。

二是看行业是否具备高度复杂的特征。越复杂的行业，越难依靠人的判断，更重视通过数字化提高感知能力和决策效率。中台本质上就是站在企业经营和产业链的角度思考，在高度复杂的产业中，中台可以在产业互联网上发挥更大价值。

章丰：来未来提供跨行业的技术体系，但落地应用到具体行业时，行业 know-how 是如何解决的？

玄难：行业专家认知和技术体系相结合。仅仅依靠行业专家也不是良策，发挥技术的优势，解构、简化复杂的业务，可以快速降低对行业专家的依赖性。再者，专家脑袋里的知识难以传承，但如果借助技术，把个人能力沉淀为平台能力，就可以稳定传承并不断进化。

举个例子，出租车司机的技能是驾驶，他的业务能力是什么？一是熟悉道路，二是知道哪里有客人。现在技术可以彻底解决这两个问题，地图导航软件解决“路在哪里”，打车软件解决“人在哪里”，只要掌握驾驶技术，就可以做网约车生意。

章丰：数字化解决了知识沉淀和传承的问题，把 know-how 的通用性变得足够强。

玄难：我还经常举例，特斯拉彻底解决了“师傅教徒弟开车”的问题，把驾驶技术变成了一个产品，虽然尚未成熟，但大幅提升了人的驾驶能力。在我看来，我们要通过产品技术去提升所有人的能力，而不是靠“传帮带”。

章丰：从终局来看，商号“来未来”确实与你们的能力和规划贴切。

玄难：我们的中台核心能力就是打通整个产业、企业的资源体系，支撑上层的业务创新。产业终局里，来未来负责搭建骨干，生态由大家共同建设。

章丰：“来未来”的“来”是个动词，是呼唤一群人共同“来”到未来吧？

玄难：对，不是我自己去了，而是呼朋唤友，“大家来吧”。

快问快答

达成目标后，你如何犒劳自己？

达成目标的成就感就是最大的犒劳。

挑选合作伙伴，你最看重的品质是什么？

一是诚信，二是和我们一起相信。

你会给创业者一个什么样的“锦囊”？

不要为了就业而创业，使命驱动才是创业的出发点。

你最想改变世界的一件事是什么？

基于对数字化和产业的理解，用技术赋能产业发展。

如何定义“数字新浙商”？

以数字化的视角审视世界，用数字化的方法重构世界。

沃趣科技陈栋：

一站式数据库云平台的开拓者

陈栋

沃趣科技创始人兼 CEO

数据库是数字经济的底座，而沃趣是数据库的底座，专注于让数据库基础设施更简单。

原阿里巴巴 B2B 数据库团队负责人（2004—2012 年），在职期间，完整经历了阿里去“IOE”全过程，积累了深厚的 IT 国产化经验。后于 2012 年创立了杭州沃趣科技股份有限公司。曾获 2022 年度数字新浙商、2021 杭州创业人物、中国信通标准化协会参编专家等荣誉。

作为国内首家专注数据库生态应用领域的公司，沃趣科技打造了行业首个国产中立企业级数据库云平台，为企业用户提供数据库完整生命周期的解决方案和信创云平台产品。目前，公司已成长为国家级专精特新“小巨人”企业，是国内数据库云领域的头部标杆，受到国内 3000 多家企业客户的普遍认可与信赖。

当下，数据成为新的生产要素，数字经济成为高质量发展新引擎，数据库作为国内新一轮技术革命基础设施建设的核心技术，正在引起更多人的关注。

数据库是块“大蛋糕”，也是块“硬骨头”，过去国内市场常年被国际巨头垄断，IBM、Oracle、EMC 就像“隔壁家的孩子”，横扫市场。2000 年前后，第一批国产数据库萌芽，在“夹缝”中成长；2014 年之后，在信创和国产化的浪潮中，国产数据库终于迎来百舸争流的时代。

从荒草丛生到百花齐放，中国数据库领域走过了四十年。其中一个关键节点是 2009 年，阿里巴巴开启“去 IOE”（即去掉 IBM 的小型机、Oracle 数据库、EMC 存储设备，代之在开源软件基础上开发的系统）运动，迈出国产化替代的一步。作为“去 IOE”的亲历者，陈栋判断国内数据库市场迎来了重要机遇，于是他于 2012 年离开阿里，创立沃趣科技（下文简称“沃趣”），主攻国产化数据库云平台产品研发和服务。

十年间，伴随着数据库云化、分布式等技术趋势，企业 IT 用户对多源异构数据库的需求显著增加。针对这一技术痛点，沃趣率先推出首个“中立的企业级数据库云平台”，将数据库、云厂商、硬件厂商连接在一起，为用户提供“开箱即用”，更简单、更坚实的数据库基础设施，让用户专注于业务本身，释放数据生产力。多年的合纵连横，沃趣与 18 种全球和国产主流数据库及 20 多家云厂商合作，累计服务超过 3000 家企业客户，覆盖 40 多个行业，打造了完整的数据库云生态沃土。

陈栋在沃趣国产数据库云发布会上致辞

“未来一大趋势是国产化替代，沃趣将帮助客户实现数据库从能用到好用，再到替代核心场景的过程，释放更大价值。未来，就像获得电力一样，客户不需要关心数据库背后的专业技术运作，只需简单方便地使用数据库服务即可。”

谈数据库 | 数据库是企业 IT 系统的“守门员”，是数字经济的底座

章丰： 在数字经济产业形态中，数据库处在什么位置？

陈栋：在数字经济产业中，只要涉及产生数据的企业，它的数据最终一定是存储在数据库里的。数据库就是数据的仓库，就好比仓库里的货物要入库出库，数据也要在数据库里实现存储和读取。你在页面上点鼠标的一个行为，背后就是到数据库里读数据、取数据。

我们个人最常见的数据库就是 Excel，可以在表格中一条条增加信息。但是企业的数据量达上亿级，涉及更多表格之间的关联、查询，它是一个非常复杂的系统。

比如，2009 年“双十一”活动刚开始的时候，可能有上亿人在零点同时访问淘宝页面，淘宝网页根本打不开。因为当时的数据库采用集中式架构，巨大的并发量最终集中到一个数据库进行读取和存储，数据库的性能不足以支撑前端这么大的业务访问量，用户看到的就是页面卡死。

所以数据库的性能、安全、稳定尤为重要，它支撑着数字经济上层业务系统的运行。可以说，数据库是企业 IT 系统的“守门员”，是整个数字经济的底座。

章丰：你们是如何在 2012 年就捕捉到数据库服务化的市场需求的？

陈栋：我在阿里经历了“去 IOE”的过程，它本质上是业务驱动的技术变革，是在寻找技术上可以使用其他数据库的可能性。IBM 代表算力，Oracle 代表数据库，EMC 代表存储，这种传统的集中式架构在当时非常稳定高效。但是随着淘宝“双十一”等活动和 B2B 各种业务发展后，集中式架构难以承载巨大的业务量。“去 IOE”是从数据库底层到应用的全面梳理和改造，使传统架构逐步演变成基于开源数据库、X86 服务器、云化分布式的架构。

当时我们在与企业客户交流时发现，他们遇到的数据库问题，我们都遇到过；对于他们的痛点，我们都有解决方案。我们思考着，结合传统行业的痛点，打造相应的产品来解决他们的问题会更有价值。2012 年，我们初创团队的 5 人陆续离开阿里，创办了沃趣。

单纯的数据库只是软件，但如何让它持续稳定运行并发挥最大性能，是非常复杂的过程。原来企业数据库的管理和运维完全靠人工，DBA（数据库管理员）每天像照顾女朋友一样，登录查看数据库的状态，监控性能曲线。随着业务量增大，数据库类型增多，数据库管理的复杂度越来越高，DBA 人才也越来越稀缺，所以需要产品化的系统来管理数据库，我们认为其中存在着市场机遇。

章丰：目前在市场上很难找到一家完全和沃趣对标的企业，你们服务数据库，而不是做数据库。

陈栋：对，我们不是数据库内核的公司。数据库内核是指以开发数据库为主，比如大家听过的 Oracle、MySQL、达梦等。就数据库这样的基础软件来说，无法在短期内形成值得大家信赖的产品，它需要大量资金、人力的投入，而且高度依赖于生态效应，对创业公司来说非常困难。

因此，沃趣从成立之初，就聚焦于研发对数据库的稳定运行和完整生命周期有帮助的技术。沃趣把自己定义为数据库的基础设施，数据库运行在沃趣这个底座之上。我们解决的是对数据库完整生命周期的管理，包括高可用性、高性能、备份、容灾、数据流转等，都可以实现自动化、可视化的运维。

章丰：你们对底层数据库的优化工作，C 端用户能感知到吗？

陈栋：比如在就医场景中，过去中等规模的医院报表系统要运行十几个小时才能统计出日报结果，工作人员下班点一下报表计算，第二天上班发现还在“转圈圈”，而且运算过程中数据库对资源的占用率很高，会影响其他电脑操作。杭州一家知名医院通过沃趣数据库云产品的赋能，对原有数据库及基础设施进行优化，报表系统十几分钟就能“跑”完结果，数据处理效率大幅提升，医生开药、患者付费的体验明显更加流畅。

谈数据库云丨企业数据库多元化、多云部署将成为常态

“阿里能做到去‘IOE’，企业客户是不是也可以？真正服务企业客户后，我们发现‘去 O’太难了。”沃趣成立后，首先围绕 Oracle 生态推出了 QData 高性能数据库一体机专有云，帮助客户摆脱对国外大型设备的依赖，实现部分的分布式云化。基于近 12 年的深耕和积累，沃趣逐渐形成 QData 高性能数据库专有云、QFusion 数据库私有云 RDS、Qplus 数据库灾备专有云及信创产品，完成国产数据库云产品版图。

章丰：沃趣最早推出的一体机是软硬一体的产品，这基于哪些考虑？

陈栋：软硬件结合有助于我们提供最佳的产品方案。数据库在运行时非常挑剔硬件环境，要求计算、网络、存储等达到最平衡的架构，确保每

个环节都稳定、无瓶颈。过去客户搭建数据库，需要把数据库厂商、服务器厂商、网络厂商都拉过来做集成，出错后也很难精准排查问题出在哪个环节。

沃趣的一体机是经过严格打磨的软硬件整体环境，配置精细，稳定度高，客户开箱即用，非常方便，有任何问题找我们就行。而且一体机的架构稳定，交付后的维护成本也非常低。

章丰：之后沃趣推出了数据库私有云 RDS 平台和数据库灾备专有云产品，是顺应云时代趋势的产品选择吗？

陈栋：云计算和数据库市场逐渐火爆，随着业务场景越来越复杂，企业数据库多元化、多云部署将成为常态。企业内将形成五到十种数据库部署在几朵“云”上的复杂关系，管理和运行众多数据库会让客户非常头疼，这是一个很大的机会。

随着云化、分布式的演进，数据库基础设施的管理对象换成了分布在各个节点上的数据库，数据库的创建、资源调度和分配、数据库的异常监控、高可用切换等都需要基础设施层来处理。沃趣提供的数据库私有云 RDS 平台基于云原生的最新技术，目前搭载了全球与国产主流的 18 种数据库，对接了 20 多家云厂商，与众多行业 ISV（独立软件供应商）解决方案整合。客户有技术选择的自主权，选完数据库后的事情都可以交给沃趣来做。沃趣还专为关键数据保护场景、国产信创场景打造多款数据库云产品，让企业更高效、安全地使用国产数据库基础设施。

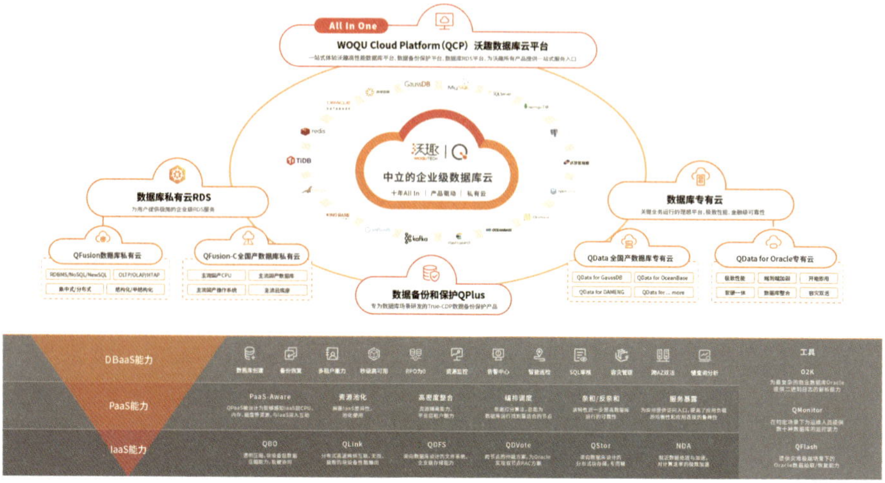

沃趣产品版图

我们尝试以“数据库云”定义沃趣所处的新赛道，整体的演进思路依托于“云”这一先进生产力工具，最终构建出一站式的国产数据库云平台，从核心业务场景的高性能数据库一体机专有云到数据库私有云 RDS，再到数据灾备、信创等多个场景。

谈发展路线 | 我不希望沃趣成为一家“靠人提供服务”的公司，我们一定是通过产品化的方式提供服务

章丰：沃趣从创立之初就坚定走产品化路线，每个人对产品化的理解不同，你如何定义产品化？

陈栋：我们讲产品化，是不希望沃趣成为一家“靠人提供服务”的公司。

不少创业公司靠个人能力做专家服务，这是“规模不效益”的模式。人难以复制，创业者靠自身的专业影响力可以形成一定的业务规模，但随着规模扩大，人员能力会跟不上，从而导致服务质量下降。

我们一开始就明确，沃趣一定是通过产品的方式提供服务，因为产品可以标准化复制、标准化交付，后期维护成本更低。随着产品打磨和数据库 PaaS 平台形成，我们的交付响应越来越快，几天内就能完成产品交付上线，客户体验也随之持续提升。

章丰：数据库服务需要很高的信任背书，坚持产品路线会给早期市场拓展带来更大的挑战。沃趣是怎么应对的？

陈栋：是。起初客户问得最多的是，创业公司能活多久？我为什么要把最重要的数据库放在你的平台上？在起步阶段，真诚和实力是最打动人的武器。我们以客户为中心，挖掘更多痛点，引导和说服客户接受产品。

产品不是闭门造车出来的，而是在实战中和客户一起孵化共创的。初创公司需要“天使客户”的支持，帮助团队理解业务场景，指导产品打磨的方向。沃趣最早的客户是浙江移动，当时产品上线并不是丝滑的交付过程，甚至还要在现场敲代码，我们非常感谢他们的支持和认可。和浙江移动合作后，团队开始跑全国的移动和电信运营商。

章丰：头部客户具有很强的标杆效应。

陈栋：借助标杆客户案例拓展市场，是 to B 领域非常典型且行之有效的策略。沃趣最先在券商领域形成行业规模，因为券商行业在交易时间内有高频交易的诉求，数据量足够大，对产品性能的要求高；同时券商行业对新技术的接受度也比较高，愿意在技术研发上投入。从第一家券商客户华泰证券切入后，目前沃趣已经服务了 35 家券商，top 10 覆盖率 100%。

章丰：沃趣在拓展行业上的逻辑是什么？

陈栋：沃趣属于底层基础设施，所以发展客户时没有很强的业务属性。不管什么行业，我们首先判断客户对数据库在高性能方面有真实的需求，有大数据量，存在高频交易，这就是数据库服务可以触达的。

谈生态丨沃趣向下嫁接 IaaS，向上服务数据库业务，让数据库基础设施更简单

章丰：沃趣的商业模式或产业服务是否涉及开源文化？

陈栋：国内开源的商业模式还不成熟，沃趣并不考虑产品本身开源，但我们会采取社区推广的模式，让产品逐渐成为生态产品。沃趣推出了全球性的合作伙伴计划 Q-Partner，通过提供技术、全栈式解决方案、销售、市场等多方面的支持，与合作伙伴携手将产品和服务推向更多客户。

沃趣的定位是中立的企业级数据库云，向下嫁接 IaaS，向上服务数据库业务，提供生态产品。对于数据库厂商，我们可以帮助他们在各种云上部署；对于云厂商，沃趣可以支持多种数据库，有助于共同面向客户推广产品。底层的产品打磨并不是能快速投入产出的事情，最终大家还是要聚焦自己的主业，数据库厂商专注数据库，云厂商专注云，沃趣则专注数据库云平台，合作形成生态，相互产生效应，一起为客户提供高性价比的方案。

中立的企业级数据库云

章丰：从产品化的角度出发，在生态伙伴的选择上，你们会走什么路线？

陈栋：我们一方面考虑客户侧的反馈，了解他们对哪些云平台和数据库有较大需求，我们去接入；另一方面从技术栈角度分析，哪些厂商是真的做得好、有前景的，我们去支持。

沃趣专注于让数据库基础设施更简单。未来，就像把电源插头接入插座获得电力一样，客户不需要关心数据库背后的专业技术运作，只需简单方便地使用数据库服务即可。

章丰：现在有很多新的技术变量会对数据库领域造成影响，比如 AI，你怎么看待这些变量？

陈栋：AI 更多的是影响应用层；在底层的数据库方面，客户非常慎重，追求稳定第一。对我们而言，基础科技创新与安全可控时代的到来，将推动数据库国产化率的快速提升。国产化替代的浪潮中，沃趣的机会和价值将变得更大。

目前，国产数据库技术依旧落后于欧美，哪怕到现在，在国产化信创压缩 Oracle 的市场的情况下，许多行业的核心业务场景还有很长一段时间会依赖 Oracle。我们通过云平台架构把国产数据库、操作系统、芯片结合起来，通过平台管理，提升数据库的稳定性和性能，帮助客户实现国产数据库从能用到好用，再到替代核心场景，释放更大价值。

谈创业心态 | 保持风格，慢就是快

章丰：十年来，你从技术专家成长为全能型创业者，可能很多人会沿着这样的路径走，你有什么心法可以传授？

陈栋：身体挺累，但我心里挺享受这个过程。每天面对全新的挑战，

也是不断打磨自己的过程。要养成习惯，对于不懂的事物要刻意练习、磨练能力。要保持风格，坚持做自己，沿着本心稳扎稳打，把事情做好。

公司的风格就是创始人的风格。我常说“慢就是快”，沃趣一直以简单实在的风格不断打磨产品，坚持走过了十年。相比那些讲了很多故事、融了很多资金的公司，我们并不比他们慢多少。

章丰：你是一个坚定的长期主义者。

陈栋：对。沃趣最核心的价值观是“敬畏”，敬畏客户的数据资产，敬畏我们担当的责任。“客户的数据就是我们的命根子”，公司任何一个员工都非常理解这句话，因为客户把数据资产托付在沃趣的产品上，这是对我们莫大的信任，我们不能辜负。

章丰：前段时间国家提出“数据二十条”，作为业内人士，你如何看待数据要素价值化？

陈栋：沃趣专注于底层，并没有过多关注应用层面。不管什么模式的数据应用，都需要处理、计算、存储，这是沃趣承载的部分，数据量越多，我们的价值越能体现。沃趣提供给客户的最大价值就是数据库技术的自由选择权、极致的稳定、实在的性能和低使用门槛。

章丰：很有边界感，定位很稳。不管行业的“水”多大，你就先把数据库这艘“船”看好，水位上涨，沃趣也跟着涨。

陈栋：不管是数据量还是国产化数据库市场，“水”一定是越来越大的，水大鱼大，这是未来的趋势。而沃趣聚焦打造数据库基础设施，无论上层如何风卷云涌，我们都在底层稳健发展。

快问快答

达成目标后，你如何犒劳自己？

放个小假，宅家放空。

挑选合作伙伴，你最看重的品质是什么？

简单实在，和自己投缘。

你会给创业者一个什么样的“锦囊”？

保持本心，不要着急，慢就是快。

你最想改变世界的一件事是什么？

现在的时代太快了，我想给世界按下慢放键。

如何定义“数字新浙商”？

50% 技术价值和 50% 商业敏锐性。

邦盛科技王新宇：

国产大数据实时智能技术的旗手

邦盛科技董事长

王新宇

数据最热时价值最大，邦盛科技通过自主可控的大数据实时智能处理技术，释放热数据价值。

浙江大学计算机学院教授、博士生导师，浙江省大数据实时智能分析技术企业研究院院长、浙江省大数据实时处理技术企业高新技术研究开发中心主任、中国计算机学会软件工程专业委员会常务委员，长期从事实时智能分析、软件工程、系统软件研究，突破大数据毫秒级处理技术、高并发集群软件设计方法及高可信软件架构等多项重大工业难题。带队研发了我国首个自主可控的时序数据实时计算平台“流立方”，在多个关键技术指标上超越国外同类技术近百倍，已应用于金融、政务、交通等多个涉及国计民生的领域。荣获软件工程国际顶会最佳论文奖 3 项、2019 中国电子学会科技进步一等奖 1 项、2016 教育部科技进步一等奖 1 项。

走进王新宇的办公室，墙上“国邦昌盛”四个大字映入眼帘，这是邦盛科技名称的由来，也是团队创业的初心。王新宇不仅是创业者，还是浙江大学计算机学院教授。入春时节，我们听他娓娓讲述邦盛的过去、现在与未来。

1978 年，著名计算机科学家何志均教授组建浙江大学计算机系。发展到 90 年代中后期，浙大的计算机学术研究达到了较高水平，但很多成果停留在理论阶段。退休返聘的何志均教授提出产学研结合的理念，“要想发挥计算机的能力和威力，必须走到应用里面去”，时任系主任陈纯院士大力支持并推动产学研战略。

2001 年，美国道富银行与浙江大学共建技术中心，探索计算机先进技术研究和产业前瞻应用，刚刚保送博士的王新宇作为第一批学生加入其中。在杨小虎等教授的带领下，团队掌握了金融领域的知识和产业经验。

2010 年，邦盛科技成立，埋头自研时序大数据实时智能处理平台“流立方”。王新宇回忆道：“陈纯院士说，流立方研发不成功，邦盛就不办了。为了不分散团队精力，我甚至把到手的项目都谈崩了。”

蛰伏五年，“熬”走了三波股东，“流立方”终于研发成功，核心性能指标超国外同类产品近百倍，每秒可以达到 300 万笔的吞吐量，并且可以做到毫秒级时延。至今，该项技术已应用于金融风控、政务安全、智慧交通、信息通信、网络安全等领域，实现了国产替代。在数据量爆炸式增长的时代，大数据实时智能技术正在成为必需品。

在王新宇对数据智能时代图景的描绘中，数据应如水流奔腾，在运用中实时处理计算，实时反馈。

“我把这样的时代称为：万物皆流。”

谈产学研结合丨邦盛的成长跟浙大的人才支持是分不开的

章丰：你和邦盛都基于浙大的产学研体系，作为教授兼企业家，你如何看待产学研结合的模式？

王新宇：浙大计算机学科的产学研结合理念一脉相承，起源于创系人何志均先生，陈纯院士是他的第一个博士生。当年，七十多岁的何志均先生退休返聘，他主张研究成果应该落地，让产业用起来，觉得“要想发挥计算机的能力和威力，必须走到应用里面去”。陈院士很认同这个观点，他作为系主任很坚决地执行了这个战略，把产学研结合的理念发扬光大。

2001年，何志均先生牵头推动了计算机系和美国道富银行的合作项目，并和陈院士安排了杨小虎、孙建伶、周波、李善平等几个年轻教授带队，起步时只有15个学生。当时我上大三，作为直博的学生也加入了。

道富银行有一套20世纪80年代由MIT（麻省理工学院）背景团队开发的股票交易系统，每天都宕机，严重阻碍了业务发展，客户流失率高达百分之八九十。系统改造特别难，代码文档都没了，只有100多万行源代码。道富银行先后咨询了印度和美国的IT公司，要价2000万美元，还不一定能改造成功。机缘巧合之下，他们接触到了浙大计算机系。

几个教授带着我们硬读代码，我被分到了中央交易系统部分。40多万行源代码，天天通宵读。我们花了一年多时间把系统“救活”了，流失的交易又回来了，银行的业务量增长了6倍，当年创造了5000万美元的净利润。

一炮打响后，道富银行陆续把100多个核心系统交给我们研发与重构，包括外汇交易系统、合规风险监控系统。我做了三四个非常“难啃”的项目，包括全世界第三大的外汇交易系统。

章丰：所以你们当时直接接触到了产业里真实的问题。

王新宇：陈院士和杨教授推动浙大网新和道富银行在技术中心的基础上成立了网新恒天，陆续留下了三四百个浙大计算机系的学生，项目也逐渐拓展到为其他金融机构服务。这个团队能见识到全世界最前沿的技术趋势，还能动手操作，做完的产品还能在伦敦和纽约投产。技术中心最巅峰的时候，专业内排名前十名的学生都想来，至今毕业了近1000位硕士、博士。后来道富银行收购了整个团队，成立了道富银行杭州研发中心。

章丰：从科研到应用再到人才培养，形成了良性循环。

王新宇：与道富银行的合作是构建产学研闭环的过程，产业里不断遇到新问题，新问题促进学术研究呈螺旋式上升。这种非常独特的产学研互动现象，也得益于浙大开放和开明的思想。

之后互联网发展，但核心组件以IOE（IBM、Oracle、EMC的简称，三者均为海外IT巨头）为主，国内厂商都是做应用的，中国缺乏核心技术，所以陈院士意识到我们必须走自主创新之路。当时我们很羡慕Oracle，他们能做出优秀的中间件，让全世界都用它的数据库。浙大这样的高校也有同样的人才基础，那么我们能不能做个类似的公司，研究中国自主可控的核心技术和软件?

所以2010年陈院士辞去浙大网新董事长，带着我和王新根（邦盛科技CTO）出来创业，他说："名字都想好了，就叫邦盛，咱们的目标是国邦昌盛，这是初心。"

后来"浙大系"创业者又陆续成立了趣链、谐云，都是陈院士支持团队和学生创办的企业，团队已经在国际软件开发产业积累了大量经验，成长都非常迅速。

章丰：这几家公司的成长路径，是否可以理解为"产学研2.0版"？

王新宇：是。2.0和1.0有明显的不同，1.0是大型企业与学校项目制合作,2.0是靠市场化融资去大规模成体系地研发硬核科技并进行应用推广。我们发展后也建立了浙江大学研发中心，进一步支持学校培养人才，邦盛的成长跟浙大的人才支持是分不开的。

谈数字价值释放 | 数据最热时价值最大，热数据价值挖掘是数字化转型的抓手

生活中数据无处不在，普通的举动背后可能隐藏着海量计算——当你刷卡消费时，银行系统会基于上千条计算规则，结合你过往的消费记录、消费水平等指标，分析是否存在伪卡、盗卡或欺诈风险，保护你的交易安全；当你抢购“春运”火车票时，无须像以前一样面对复杂的图形验证码着急，系统会基于计算模型分辨出真人和机器人，将网络爬虫和“黄牛”隔绝在外，优化你的体验……这些计算和判断都在毫秒内完成，对大数据实时智能技术要求极高。

章丰：提起邦盛的技术，绕不开“热数据”这个概念，如何理解这个概念？

王新宇：热数据是指新鲜的数据，数据最热时价值最大。原先的做法是把刚产生的数据存储下来，清洗、建模、给出信号，事后查询、校验，数据价值随着时间呈指数式衰减。

热数据价值挖掘，或者说热数据价值最大化，就是在数据产生后实时处理，更快地指导业务决策。数据处理既要快又要准，这就需要大数据实时智能处理技术。

章丰：就像一盘菜冷了，风味就呈指数级下降；数据如果冷了，本身的价值也降低了。

王新宇：有的人认为很多场景不需要毫秒级、秒级的数据价值挖掘，即便是金融领域，风险识别也分为事前、事中、事后，可能分钟级、小时级的处理就够了。但数据大爆炸会带来新的问题，比如针对金融的事后监管，一家股份制银行要处理三年的数据，用国外的大数据平台“跑”两个多星期才能出结果，用邦盛的平台两个小时就能出结果。

章丰：金融交易对时间高度敏感，数据处理越快越好。流立方技术的应用有什么直观的案例？

王新宇：比如邦盛的第一个客户银联商务，它提出的需求是事中风险防控，解决反欺诈的实时计算问题。典型场景是用户的卡被人盗刷，系统如何在他交易的过程中就判定欺诈？

举例一个判断逻辑。盗卡人不知道卡的额度，会在 POS 机上刷 2 万元、1.5 万元、1 万元，企图把钱套出来；如果和卡上过去一年的交易行为对比就会发现异常。风控系统里有近千条这样的模型规则，银联每年有 1300 多亿条刷卡流水，分析时要回溯大量的数据，以快速完成判断。流立方技术可以做到针对每一笔刷卡记录在 10 毫秒内计算，智能识别风险并做出决策。

当时邦盛和全球排名前几位的金融软件巨头同台竞标，我们的方案是用四台计算机叠加流立方技术，就能解决全国范围内银联刷卡的实时风控问题，最后我们在项目里脱颖而出。

章丰：热数据的价值挖掘抓住了业务数字化驱动的“牛鼻子”，也很契合最近提出的“数据要素价值化”。你怎么看待这个议题？

王新宇：数据只有在流动、分享、加工处理中才能创造价值。数据要素价值化首先要解决行业内“数据烟囱”的问题。至今整个数据产业还没打通，行业里虽不断提出隐私计算、联邦学习等技术路径，但收效甚微。打通整个数据产业，不光要靠技术，还需要政策制度等自上而下的推力。

数据打通后一定要变革生产关系，发挥热数据的价值；热数据价值挖掘是数字化转型的抓手。统计显示，以前500亿规模的大数据市场中，可能有98%都是历史大数据，而将来实时大数据占比可能会超过50%，热数据的应用需求增多。现在各行各业都在找邦盛解决问题，除了流立方技术，邦盛还研发了动态时序图实时计算平台“图立方”、三核决策引擎技术等，满足市场对热数据处理的需求。

高并发、海量、长周期、大维度的数据处理，过去只是高阶需求，但在数据量爆炸式增长的现在，大数据实时智能技术正在成为必需品。

谈路线选择 | 面向企业级市场，扩大国产核心技术的辐射面

早在做道富银行项目时，王新宇就注意到金融合规系统对时效性的要求，“交易时机转瞬即逝，需要毫秒级的判断”。创业初期，面对金融领域的两大发力点——银行系统分布式部署和OLAP（联机分析处理）等数据分析技术，邦盛果断选择了后者，“OLAP存在连续的市场机会，作为一家新型公司可以切入”。

章丰： 现在经常提“掌握关键核心技术”，“关键核心技术”到底是

哪些？

王新宇：芯片、操作系统、数据库、大数据平台、人工智能平台，甚至人工智能大模型，全栈都是关键核心技术。中国在这些技术上，有的被“卡”得寸步难行，有的用开源技术替代，但是基于开源，技术开发的路线只能跟着人家走，永远无法超过开源技术的发起者。

中国 99% 的公司都是基于开源技术做增强，我们分析后发现，基于开源技术开发产品的“天花板”较低，尤其是应对中国巨大人口基数的市场环境，需要超大的硬件集群来解决应用性能问题。为什么互联网“大厂”没遇到？因为他们用的是超大型集群，一个应用背后是上千台机器，但中国绝大多数的机构单位没办法负担这样的高成本。

互联网“大厂”本身提供云平台服务，比如一共 6 万台服务器，其中 2000 台自己用。那是生态的“打法”，不是企业级方案。非互联网企业不可能用几百台机器解决一个应用，运维成本极高。而邦盛只需要 4 台机器就能帮助他们解决性能问题，对于企业客户来说，这就从不可行变成可行了。

章丰：邦盛的技术和产品与大数据底层的开源技术之间是什么关系？

王新宇：开源技术把生态串联起来，邦盛的核心技术在生态中做增强。对于业内普通的数据处理问题，客户可能基于开源技术增强就能解决；复杂的、高性能的计算以及快速的历史数据回溯和分析，用开源技术解决不了，就可以把邦盛的产品作为增量式的平台引入。如果客户没有使用开源技术，我们的产品也可以独立运行。

研发核心技术和软件，最终是要面向企业级市场。扩大国产核心技术的辐射面，才是我们的初衷。

章丰：目前邦盛的400多家客户是中大型企业，流立方这样的大数据实时智能处理与决策技术，如何真正惠及小而散的业务场景？

王新宇：技术普惠的方向一定是和“行业云”结合，变成一种可调用的服务。比如目前一些行业形成了行业云，邦盛与行业云的平台方合作，作为实时智能技术的提供方接入其中，“云”上的中小企业都可以享受我们的服务，我们以SaaS模式按照流量笔数收费。

美国已经有很多大数据提供商在亚马逊、Snowflake等生态里提供实时计算、处理、决策的能力，企业调用一笔服务可能只要花几毛钱。

章丰：中小企业不可能做私有化部署，承重一共就5吨的车，往里面塞核动力的发动机，昂贵且没必要。

王新宇：但国内的产业土壤不一样，现在各行各业更多是使用公有云，比如华为、阿里巴巴。国内特别普遍的现象是各行各业分工都不清晰，“我觉得你做的挺有前景，虽然我做不到你这样，但我可以模仿个六七成，自己干一套”。

政策也在引导各领域行业云的形成，但需要一个过程，这不是靠一家技术企业就能实现的，而是整个行业逐渐形成健康的生态，包括对知识产权的尊重、清晰的产业分工等。

谈 AI 冲击 | 强人工智能让“万物皆流”时代更快到来

章丰：这段时间人人都在讲“大模型”，作为数据智能应用领域的专家，你怎么看待所谓的“AI 的 iPhone 时刻”？

王新宇：我认同这个观点，GPT（一款基于互联网、可用数据进行训练的深度学习模型）的出现代表了强人工智能时代的到来。GPT 在技术上并不是颠覆性的，原理还是逐步猜测下个字的过程，但是参数量达到一定程度后，它能将知识触类旁通，覆盖复杂网络里的大多数点，能力显著增强，表现出了强人工智能的特性。

未来，把整个历史上的知识全部灌到 GPT 大模型里，通过知识关联、整理、归纳、汇总，它就能形成一个博士水平的智能体；接受特定领域的打磨后，就能很好地提供相应的服务。

章丰：有人担心快速发展的 AI 会带来威胁，前不久未来生命研究所还发布了暂停巨型人工智能实验的公开信。

王新宇：我认为 AI 存在威胁，它的知识迭代太快了，人需要从小到大学习二十几年才能达到正常认知水平，但 AI 几个月、几小时甚至几分钟就生成了新一代智能体。危言耸听地说，AI 持续发展下去，人类会有被毁灭的可能，就像马斯克认为人类只是人工智能的 bootloader（引导加载程序），人类成千上万年的历史可能是为了产生人工智能而出现的短暂现象。

AI 表现出来的强力会吸引全世界蜂拥而至，所以人类能否制止 AI 的发展，还要打个问号。

章丰：AI 的发展是像空气一样弥散开来的，甚至可能连法律都很难禁止。

王新宇：各行各业都在思考强人工智能会带来什么。大模型本质上属于知识生成领域，任何应用中知识的产生都是关键一步。目前大模型还不具备高精准性、强解释性和强控制性，只能提供思路框架或者大致方法；但 AI 的演化会使之更强，最终不需要外力就能完成工作。

我们也在跟进规划，比如如何让 AI 生成知识之后自动加载到流立方，实现流立方内部逻辑的自动进化。我把这样的时代称为“万物皆流”，用户产生数据，剩下的数据处理、计算都“喂”给平台，整个过程里都是流动的热数据，数据进入平台后自动沉淀知识、实时反馈。

“万物皆流”是我的理想，邦盛正在朝这个方向走。

快问快答

达成目标后，你如何犒劳自己？

制定下一个目标。

挑选合作伙伴，你最看重的品质是什么？

工作能力、学习能力、人品。

你会给创业者一个什么样的“锦囊”？

“一根针顶破天”，做细分领域的隐形冠军，或在一个细分领域保持长期主义。

你最想改变世界的一件事是什么？

实现“万物皆流”。

如何定义“数字新浙商”？

创新性强，保持数智化思维。

知衣科技郑泽宇：

服装产业的数字化升级，是我一生一遇的机会

郑泽宇

知衣科技创始人兼 CEO

人工智能带来的技术趋势、先进算法和释放的数据价值，是打通服装产业链的关键因素。

2011 年毕业于北京大学，后在美国卡内基梅隆大学（国际计算机专业排名第一）深造，获得计算机专业硕士，并被评为“西贝尔学者”（Siebel Scholar），此项荣誉每年仅授予 85 位全球顶级研究生。自参加工作，郑泽宇先后就职于美国谷歌、美国 Liberio 任高级软件工程师，负责研发机器学习算法、自然语言理解的问答系统项目等，显著提高企业广告转化率。2016—2017 年，郑泽宇担任才云科技联合创始人兼首席大数据科学家，并在 2017 年出版国内第一本 TensorFlow 教程《TensorFlow：实战 Google 深度学习框架》，累计销量超过 20 万册。

2018 年 2 月，郑泽宇创办知衣科技。公司迄今荣获“国家高新技术企业”、“杭州市科技型初创企业培育工程企业（雏鹰计划）”、萧山区高层次人才创业创新“5213”计划项目卓越类第一名、“浙江省科技型中小企业”等一系列荣誉。

2015年，人工智能迅速发展，深度学习的火花引燃一系列技术变革。谷歌开源第二代人工智能系统TensorFlow；马斯克参与投资10亿美元建立了如今风光无两的OpenAI；国内则有百度、科大讯飞等企业领头，为医学、教育、交通等领域赋予了“AI+”的更多可能。

浪潮来袭，郑泽宇决定放弃谷歌高级工程师的工作，回国成立才云科技，为金融、能源、医疗、服装等领域提供专业的AI解决方案。在此之前，他的人生轨迹像一条清晰漂亮的直线：保送北京大学计算机系，赴卡内基梅隆大学深造，学习人工智能，成为“大厂”技术专家……但正如在郑泽宇眼中GPT更像技术从量变到质变的产物，他的技术积累深植于土壤，在新的方向展开枝桠，结出了果实。

“在服务这些行业的过程中，我们发现AI解决方案在其他行业很难形成壁垒，但在急缺技术支持的服装行业可能形成超大型平台，甚至引导产业变革。”2018年，知衣科技（下文简称“知衣”）成立，致力于数据化趋势发现、爆款挖掘，打造智能化服装设计的供应链平台。

技术“大牛”碰撞时尚行业，也曾“水土不服”，但郑泽宇深知，时尚，特别是大众时尚的逻辑，不在于引领，而在于发现和适合。在知衣的努力下，“数字化”之于服装行业，不再是虚无缥缈的专业词汇，而是平均30%到

50% 的动销率提升。

“回头看，我很欣慰。在‘大厂’，就算是顶级人才，我也偏向做‘拧螺丝’的工作，我创造的价值和意义可能不如现在。服装行业还没有一个用人工智能改变行业的角色，这是我一生一遇的机会。”

谈 GPT ｜借助 GPT 可能会缩短产品追赶时间，不会攻破“头部玩家”的“护城河”

章丰：很多人都认为，近期生成式 AI 和大语言模型的爆发让人类迎来了新的“iPhone 时刻”，你怎么看？

郑泽宇：透过热潮看技术的变迁，会发现这是人工智能技术从量变到质变的节点之一。就像 2016 年 AlphaGo 在围棋比赛中战胜真人，主要的突破是图像识别和处理技术，这项技术在此前二三十年内都没有核心突破。

ChatGPT 目前只具备较好的自然语言特征的提取能力，还达不到像人一样去“理解”，但已经远高于第一代人工智能。自然语言是人类文明传承和日常交流所使用的语言，当我们打开一本书，里面 90% 都是自然语言。突破这一环，是机器深度学习、统一知识的基础，就像人类之间语言互通了，才可以交流。

ChatGPT 连接了自然语言处理，连接了图像、视频、音频等各类输入模型，能够提取背后相应的特征，任务完成度不错，确实是人工智能发展史上的重要突破，也会给产业带来变革和影响。

章丰：大模型会给知衣带来怎样的变化？

郑泽宇：知衣从创立起就把大数据、人工智能作为核心，如何将各种各样的人工智能技术应用到产业场景中，一直都是人工智能落地的核心问题。评判标准主要有两个：技术可行性和商业价值。我刚创业时尝试过很多场景，要么技术突破不大，要么商业价值不够。比如AI设计，2018年就出现了，但缺乏审美能力和交互方式，距离落地还比较远。

在此背景下，ChatGPT的出现让我挺兴奋，它不仅能作为设计工具，还能通过大量自然语言带来图像交互。用户与ChatGPT对话，很像设计总监与设计师沟通。设计总监用参考图给设计师提供设计方向，就像用户给系统“喂”了图像，生成新的图片，再人工微调。在这之前，电脑只能不断地推荐图片，再由人工判断质量和可用度，工作量太大了。

我们希望大量简化设计师的工作，将数据收集、统计和款式推荐等重复性的劳动交给计算机去做，让人保持创造性的思维。结合ChatGPT，未来有可能改变行业服装设计师的工作方式。

章丰：李彦宏提到，人工智能时代IT技术的技术栈可以分为芯片层、框架层、模型层、应用层。知衣将自己定位在哪个层面？

郑泽宇：应用层。“应用”不是App或者网页，而是指技术与场景的匹配。

章丰：会不会涉及模型层？

郑泽宇：也会涉及。越往技术底层，越考验基础实力，投入也越大，所以“大厂”会更多在底层投入；越往上越“轻”，当下的运用价值越高，适合创业公司，它们更灵活，更了解应用场景。所以我们和底层企业是两个方向相反的三角形，业务会有交集，但侧重不同。

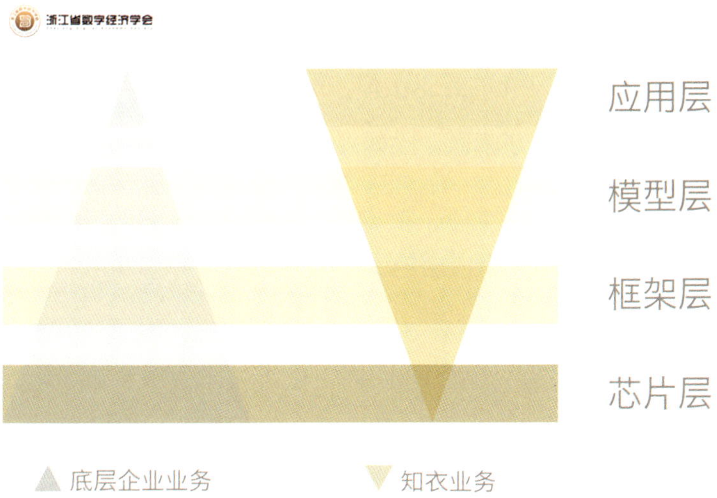

知衣和底层企业的业务是两个方向相反的三角形

我赞同底层技术的重要性，但技术最终要落地应用，创造商业价值。所以我们会把 60% 的精力投入在应用层，30% 用于优化提升模型，10% 用于从 0 开始学习大模型。

章丰：未来人工智能的主流商业模式是怎样的？

郑泽宇：就像用电一样，按用量收费比较常见。业务越底层，就越偏向于按用量收费，有点像服务器，要么一次性买断，要么按用量收费；贴近应用层，变现方式就更多元，跟场景结合得更紧密。

人工智能包含了大量的开源技术，此前 90% 的产品都是基于开源算法微调，再结合场景生成的。打个比方：汽车制造，听着门槛很高，实际上各个部件都有成熟的供应商，汽车厂商更像是资源整合商；当然，不同厂商之间存在技术和能力上的差异。

现在很多产业数字化的逻辑类似，但服装行业缺乏开源技术支撑，大量工作需要我们从 0 到 1 来做。比如人脸识别，人脸不会发生太大的形变，但衣服穿在身上、摆在桌上、挂在墙上，形态完全不同。所以知衣更像一个升级版整合商，在整合中不断地提升技术能力，调整布局，还涉及模型的优化和调整。

章丰：假设现在有一家公司借助 GPT 等技术做服装数字化，是否可以缩短前期产品打磨的时间？

郑泽宇：某种意义上会。如果你现在再去做一个 Google，技术积累的时间肯定会大幅缩短，但无法快速超越 Google 在产品打磨的过程中积累的核心能力。同理，知衣覆盖了 5000 多家品牌，在高量的日活跃用户中积累了大量数据，包括公开运营数据和用户行为数据。

举个最简单的例子，如果要判断图片质量和效果，我们可以参考用户的点击行为，比如这一页 20 张图片中，有 5 张被点过，它的质量就好于剩下的那 15 张。我们可以将每个页面中点击量高的图片“喂”给模型，不断训练模型。但是 ChatGPT 无法完成这个部分，需要手动进行数据标注。

数据具有飞轮效应，数据更多，算法就会更好，就会吸引更多客户。如此循环，拥有先发优势的，更有可能成为“头部玩家”。借助 GPT 可能会缩短产品追赶时间，但不会攻破“头部玩家”的“护城河”。

谈 AI+ 服装丨服装产业互联网，核心在于从选款到生产全环节的打通

手持人工智能之锤，郑泽宇将设计选款作为入局服装行业的第一颗钉子。知衣为品牌挖掘和预测市场趋势，比如“下个月蓝色棉麻面料将成为潮流”“裙装应占夏装上新的四成”“定价区间为500～600元更合理”（仅作举例），让品牌通过更“准确”的设计汇聚大量订单，撬动后端生产，也带动了供应链。

章丰：知衣如何通过技术手段提升设计师和品牌商的效率？

郑泽宇：我们提供两种服务。一种是 SaaS 软件，从世界各地的电子商务平台、社交媒体、时尚网站里，知衣收集了数十亿的服装数据。知衣针对淘宝、抖音、Instagram 等多个平台开发了细分化的数据智能 SaaS 产品，通过对服装单品进行智能分析，预测流行趋势和款式。品牌设计师通过我们的软件了解市场，进行服装项目的开发，从采集测量到设计、生产的管理，以及工作协同。

举个例子，如果设计师想找到1000件有小雏菊元素的连衣裙作为参考，以前他们可能会去浏览品牌官网，去商场观察流行风向，去 Instagram 翻时尚博主的穿搭推荐……现在知衣可以把这些数据汇集起来，设计同质化的概率也会降低。

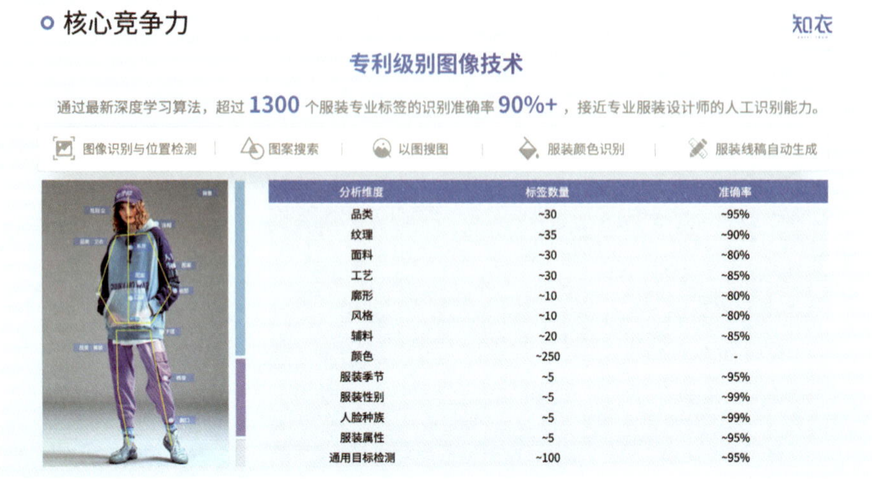

图像技术是知衣的核心竞争力

另一种服务是供应链。我们在服务客户的过程中收到了大量需求：客户选中了喜欢的款式，但不知道去哪里生产。对此，知衣直接提供样衣给他们，如果满意，他们就可以找知衣下订单，自身只需专注于前端流量和品牌形象即可。分工精细化后，品牌也可以收获更稳定、可靠的供应链能力。毕竟快时尚以及直播电商对整个行业都造成了冲击，品牌的上新速度和组织方式都因此发生了变化。

章丰：这几年都讲产业互联网，你觉得服装产业互联网最核心的改造环节在哪儿？

郑泽宇：最核心的环节还是打通，任何一个单一环节的数字化都没有抓住本质。服装产业链太庞杂了，环节与环节之间的浪费是巨大的，包括成衣的库存、设计的低转化率、面料的损废，中间环节的利用率很低。设计一端连接了消费，一端带动了生产，我们希望以趋势和设计为带动的核心点，把合适的设计给到合适的品牌，组织后端生产的供应链。

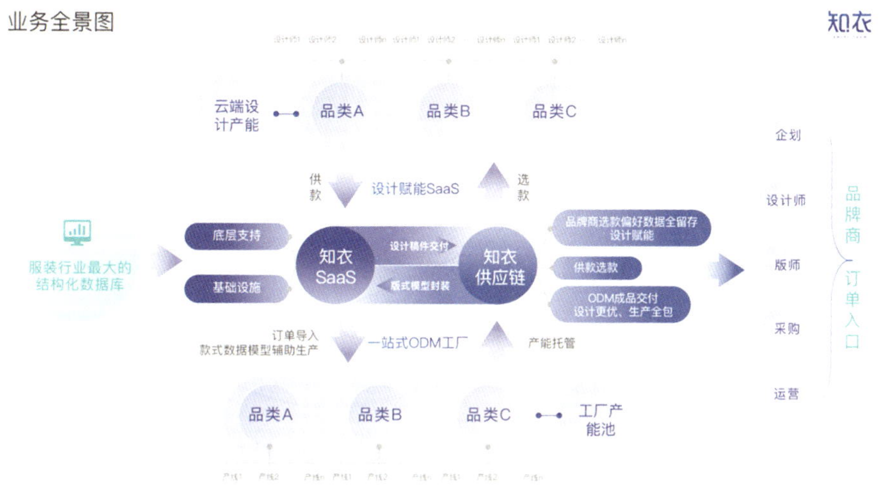

知衣业务全景图

以设计环节为核心，上“云”后，全环节的数据，包括销售数据、生产数据、面料数据、实销数据都可以沉淀下来，才能形成所谓的产业大脑。

比如成衣，你下单 1000 件，我也能按 10000 件的价格给你；面料商都得提前备料，我可以明确地告诉你，哪款面料备多少……无论是库存还是产量，每个环节都可以具体计划、提前准备。通过技术以更经济的成本去应对市场竞争，产业的运作效率会大幅度提升。

章丰：它的系统环节是叠加的关系，不是简单的串联。

郑泽宇：所以任何单一环节的数字化，提升都是有限的，不能解决核心问题。如果打通全产业链，效率则可能会成倍乃至数十倍地提升。

谈价值创造丨最满意的是提升设计师的效率，最希望达成对知识产权的保护

章丰：知衣为服装行业创造的价值里，你最满意和最想改进的是什么？

郑泽宇：最满意的是帮助服装设计师提升了工作效率。服装设计师是一个比较容易被外界误解和忽略的群体，表面上看很艺术，其实发挥创意的空间非常小，工作重而杂，“996”是常态，收入也不高。

另一方面，服装品类和款式的趋势变化很快，不管是“网红”店、线下店，大品牌、小品牌，消费者觉得款式合适，就可能买单，这也是淘宝网上服饰类百花齐放、3C 数码品牌却没那么多的原因。

款式大爆发之下，多数设计师对趋势的捕捉是不足的，比如市场上什么款好卖、最新的趋势是什么，设计师非常需要这些信息。我们就可以借助数字化工具辅助，提升设计师的工作效率。

最希望达成的是对知识产权的保护。我们已经投资了一家做知识产权保护的公司。服装的知识产权保护很难，但没有知识产权的保护，无法真正地鼓励创意。现在的行业氛围对原创打击很大，一个好的创意出来后，很快会被抄袭，其中不乏一些快时尚品牌，最后比拼的是供应链的能力。

章丰：数字化推动了创意的交流，但又确实带来了对原创保护不足的问题。

郑泽宇：实际上，这个问题是根深蒂固的，数字技术反而一定程度地缓解了版权问题。设计师能参考的范围扩大了，抄袭的情况可能会减少。版权保护更方便了，溯源维权的主体也就清晰了。服装产业维权周期很短，你打完官司以后，对方已经变现走人，也没有很大意义。但是技术可以实现更快地发现并判断抄袭行为。

知衣布局知识产权已经有大半年的时间，目前打通了公证处的区块链体系，跟互联网法院也有合作，已经积累了一些原始案件。现在法院判定侵权、编写文书，也是全流程自动的。如果单个案件走传统的法律途径，成本太高了。

章丰：杭州的第一例互联网法院审理的案件就是通过区块链存证的。这和国家培育数据市场的工作机制高度吻合。

郑泽宇：所以知衣现在是“三条腿”走路。结合当下的行业环境，赋能设计师的工作；通过 AIGC（由 AI 自动创作生成内容）的方式降低原创门槛，引导更多原创；结合区块链，保护品牌知识产权。

谈产业理解丨技术人员深入产业创业，我走过了三个阶段

章丰：作为技术专家切入服装行业，你如何完成对产业的理解？毕竟从服装行业的角度出发，你原本只能算是消费者。

郑泽宇：我可能连合格的消费者都算不上（笑）。我们经历了三个阶段。第一阶段，进入行业，摸到门路。我们的起点是通过为服装品牌商提供外包服务，关注、接触到服装产业。进入这个行业之后，你对行业有了大概的了解，有人愿意掏真金白银定制项目，就证明市场需求是存在的。单家客户的资源未必是行业的通行证，要找到行业的公共痛点。一个客户给了你一个创意，你要去验证可行性。所以第二阶段大量调研，找准痛点，对于一家产品公司来说是非常关键的。

当时我们花了大量精力在调研上，厚着脸皮坐在设计师旁边工作一个月，主动去发现他们的需求，然后进行梳理，围绕需求不断迭代，加深我们对这个行业的基础了解。收费是这个阶段很重要的节点，你做专业软件，能收费并形成规模，就证明软件产品确实能响应客户的需求。

第三阶段，在产业内积累形成一定影响力，就有机会和产业里的专家、品牌方、服务商展开更深入的探讨。这时候我们不仅仅能满足基础需求，还可以看到产业更长远的布局和方向。

我对产业的理解主要经历了这三个阶段，不断深化，而这些理解也构成了我们的壁垒。

章丰：到第三个阶段，产品在行业内形成一定规模后，你积累了大量的行业数据。在某些局部，数字化服务商能够提供超越传统的行业洞见。

郑泽宇：确实。前几年我们和产业里的客户聊的时候，经常会有一种恍然大悟的感觉，“原来是这样的”。之后我慢慢发现，品牌老板、行业专家会隔三岔五来问我们“最近有什么新东西”。甚至有些老板每年给我打电话，问我们有什么新想法，要不要尝试一下。这是一个从吸取行业经验到向行业输出的过程。

章丰：这三个阶段你用了几年摸透？

郑泽宇：至少三年。

章丰：已经很快了。

郑泽宇：我们的创始团队本身是技术和产业的“混血儿”，三个合伙人，一个是行业出身，两个是技术出身。这种组合也会让我们离行业的真实需求更近一点，走得更快一点。

我觉得所谓的“高知”创业，并不一定代表着你的知识积累有很大的价值，但你的学习能力是毋庸置疑的。从技术到产业这条路径，只要愿意学，它是可以习得的；但反过来你从产业里去学技术，门槛是很高的。所以技术人员深入产业创业，学习能力强、对技术的掌控度高是两大优势。

章丰：如果没有离开谷歌，你或许正在研究最新的大模型，参与能够影响世界的“iPhone 时刻”。回头看，你怎么评估当时的创业选择？

郑泽宇：我还是很欣慰的。在我看来，通过人工智能助力服装产业的转型升级，比在“大厂”解决某个环节的技术问题，能创造的价值和意义更高，这是我一生一遇的机会。

随着创业者认识的世界不断变化，思考问题的深度、梦想和目标很容易发生改变，每隔一段时间我都会回顾反思。但目前我可以说，知衣一直在围绕自己的初心做事，我们一直希望通过设计引导和改造整个产业，让知衣的未来能够推进整个行业的未来。

快问快答

达成目标后，你如何犒劳自己？

旅游。

挑选合作伙伴，你最看重的品质是什么？

人品和气场。

你会给创业者一个什么样的“锦囊”？

回归价值。

你最想改变世界的一件事是什么？

改变服装产业。

如何定义“数字新浙商”？

拥有技术。浙江省传统产业密集，存在大量通过技术实现数字化转型的机会。

实在智能孙林君：

从 RPA 到实在 Agent

实在智能创始人兼首席执行官

孙林君

Intelligence in need is intelligence indeed，被需要的智能才是实在的智能。

资深算法专家、AI先行者，荣获“新锐创业之星”。

实在智能是一家通过自研AGI大模型+超自动化技术，领跑人机协同时代的人工智能科技公司。作为中国AI准独角兽和RPA行业头部企业，超自动化解决方案提供商，实在智能结合国产全自研的AI技术与RPA产品，助力政府、企业实现数字化改革和转型升级。公司旗下全线产品全面支持国产信创，广泛兼容适配行业主流的国产芯片、国产数据库、国产服务器及操作系统。“实在RPA数字员工”已在各大央企、国企及政府的国产信创系统中稳定运行数百万小时。

2017年，国家出台《新一代人工智能发展规划》，同年，AlphaGo战胜世界围棋冠军、Apollo无人驾驶汽车完成五环“首秀”……在阿里深耕AI近十年，孙林君看见了人工智能在风云变幻间如日初升的前路。一年后，借用朋友闲置的办公场地，五个人拼凑出三张桌子，杭州实在智能科技有限公司（下文简称“实在智能”）成立。

重新出发的孙林君给自己取了新的花名——“阿宝”，《功夫熊猫》中那个温和、亲切、有侠义情怀的主角。“我很喜欢这个角色。我们都是普通人，但都想做些改变世界的事。”

孙林君“改变世界”的第一步，是将自己在阿里沉淀的智能模型置入社会，研发智能法律机器人“包小黑”，为民工和被家暴群体免费提供法律咨询。2019年，他将AI技术与RPA（机器人流程自动化）深度融合，通过智能软件机器人“章鱼·数字员工”，让机器与人协同，处理重复、耗时、复杂、易出错的流程。

“未来职场人在面对海量且复杂的数据时，如果没有IPA（AI+RPA）的加持，工作量将呈指数级增加，而创造力会持续走低，这会禁锢员工的发展。机器是冰冷的，IPA的创新则要有温度，让工具真正为人所用。”孙林君在采访中反复显露的，仍是那颗朴素而“实在”的技术初心。

谈创业经历 | 带着 AI 这个“大脑”，寻找可落地的四肢

章丰：你在阿里工作十年，为什么选择 2018 年这个节点出来创业？

孙林君：2009 年，我进入阿里智能客户体验部后，一直从事大数据、人工智能相关的工作。从个人职业发展的角度来看，我希望有更大的舞台。2017 年，人工智能技术和产业氛围逐渐兴起，国家出台政策支持，加上找到了志同道合的创业伙伴，我觉得错过这个机会，就很难有下一次了。

章丰：初次创业，你选择做人工智能法律咨询服务，这对后来选择 RPA 方向有什么启发？

孙林君：过去十年，我和算法团队伙伴始终在从事与智能决策相关的算法研究和探索。在阿里的时候，我们研发了一款叫“瓦力”的智能决策助手，代替客服小二处理售后问题，将售后服务团队从 1100 人缩减到 50 人。

创业初期，我们从法律服务切入。我出生在吉林农村，小时候我看到身边的人缺钱、缺渠道，无法用法律保护自己，我希望用技术的力量去帮助他们。“包小黑”本质上也是依托大数据做智能决策，评估用户的法律需求，比如他到底需不需要打官司、能不能打赢官司、需要准备哪些材料等等。这个项目在技术上是成功的，但 to C 的法律服务频率低、商业模式不清晰，最后我们选择转变方向。

选择 RPA 业务，并不是心血来潮，而是希望继续发挥团队的技术能力和经验积累，找到那些能从客户系统中提取决策数据、由机器人辅助人做智能决策的场景。但受到不同系统和厂商的制约，从接口层面打通数据

的成本太高，很自然地，我们就想到了 RPA 技术。

RPA 作为一种虚拟劳动力，可以模拟人工操作，把分散的数据从系统中提取出来，结合 AI 进行智能决策，再基于决策结果，利用相应的软件，处理重复、耗时、复杂、易出错的流程。

谈数字员工 | 少量人力与软件机器人协同工作，将成为未来主要的办公场景

章丰： 这个看起来很萌的章鱼卡通形象，是实在智能 RPA 产品的外化？

孙林君： 在劳动密集型的场景下，少量人力与软件机器人协同工作，将成为未来主要的办公场景，就像今天我们看到数字工厂里，数万个机械臂在有序稳定地运行。这些软件机器人就是“数字员工”。因为章鱼的大脑中有 5 亿个神经元，能够独立解决复杂问题，所以我们把章鱼作为实在智能数字员工的形象。

章丰： 数字员工得到较好应用的行业有没有典型的特征？

孙林君： 目前我们的核心落地领域是运营商、数字政务、电商、金融，在能源、交通、物流等领域也有渗透。这些场景都存在很多简单、重复、流程化的工种，比如财务、法务、风控、客服、人力、运营、IT 等，具备可替代的基础。

比如在和某央企的合作中，数字员工主要用于生成财务报表。员工做

一张报表从 2 个工作日缩减到 1 个工时，并且零误差；在客服场景下，每通电话平均时长缩短将近 40 秒，点击次数可以减少 15 次以上。

2022 年初杭州暴发了一轮疫情，我们联合余杭区数据资源管理局在除夕夜紧急推出“疫情防控数字员工”，以小时为单位，自动采集汇总密接、次密接和重点人员数据。原来需要 3 名防疫人员全天连轴转进行疫情数据统计工作，上线“疫情防控数字员工”后，不仅无需专人负责统计工作，而且机器人每次只需运行 2 分钟即可完成统计工作。

初期，RPA 只在金融等数据基础完备的领域率先应用，但随着 AI 技术的迭代，人们已经在更多的业务场景中看到了 RPA 的身影。未来，RPA 还会成为人们数字化办公不可缺少的工具，数字员工的工作内容也会从这些简单的重复性劳动转变为应对复杂业务，解决跨系统、高精度、大信息吞吐量的问题。

章丰：传统 RPA 由设计器、机器人、控制器“三件套”组成，实在智能加入了“AI 云脑”，对数字员工有什么能力加持？

孙林君：AI 云脑是一个机器学习平台。在数字员工完成任务时，云脑会采集授权数据，将之上传到本地数据仓库，进行模型训练和自优化，生成针对不同场景的经验模型。经过不断迭代，模型会越来越准确，数字员工会越来越聪明，最终代替人去思考、决策。

比如在上报和处理工单时，人工处理非常费时，AI 云脑则可以通过机器学习掌握员工对不同类型工单的处理方法，从而快速给出决策建议。用户也可以结合自身的业务场景，实现数据标注，构建和训练属于自己的 AI

模型，在设计器里直接调用。

所以，AI 云脑相当于“大脑”，RPA 相当于“触手”，在大脑的分析、判断和训练下，触手进行自动化操作和信息采集，这就是一个真正的数字员工的形态。

从 RPA 到实在 Agent ｜用 AIGC 进行思考，用 RPA 执行任务

章丰：相比 RPA 厂商，实在智能更强调 AIGC（人工智能生成内容）与 RPA 的融合，这是基于怎样的洞察？

孙林君：我们从赛道终局来看，AIGC 技术和 RPA 融合一定是大势所趋，实在 Agent 也是 AIGC 技术最高效的落地渠道之一。

RPA 技术发展已有十余年，实现了 100% 的人工替代，但无论是数据中台技术，还是云服务，都需要解决前端应用落地和数据“最后一公里”的问题。简单点讲，RPA 没有“独立思考”的能力，我们需要它做什么，它就做什么。如果能提取 RPA 的运行数据，用 AIGC 进行思考，用 RPA 执行任务，才能实现真正的智能自动化。

所以，实在智能把 RPA 产品定位为“通用平台”，形成了超过 500 个 RPA 组件，用户可通过拖拉拽、以零代码的方式搭建不同的业务流程。在此基础上，我们通过自研的能力拓展通用平台的使用边界。

章丰：实在智能最关键的技术突破在哪儿？

孙林君：信息拾取技术上的突破。在流程自动化软件操作过程中，信息拾取是第一步。传统 RPA 在拾取问题上存在瓶颈，受到操作方式、软件数量、环境变化等因素的影响。我们自研了“智能融合拾取”技术，把 Windows 底层的拾取能力和 CV（计算机视觉）识别能力整合到了一起。

举例来说，在操作文档时，传统 RPA 对按钮、下拉列表、复选框等元素很难做到精准识别，在密集区域常常无法识别，甚至发生误触。实在智能自研了 CV 技术，能够做到在极小的像素范围内识别目标。同理，提取图片中的信息，需要 OCR（光学字符识别）技术；解读用户留言中的意思和情绪，要借助 NLP（自然语言处理）技术。这些能力创新都是团队自研的，光一个技术点上就有十几项专利，外界标准化的接口无法满足。

当 AI 技术和 RPA 底层融合到一起，用户可以“开箱即用”，在“拖拉拽点选”的过程中完成一整套体验，甚至感受不到 AI 在起作用。所以我们认为，传统的 RPA，已经进阶到了 IPA（人工智能流程自动化）的全新阶段。

章丰：你们还提出了一个不同于“AI+RPA”的新公式——RPA^{AI}（RPA 的 AI 次方）。

孙林君：从产业终局来看，自动化作为人类为解放双手而产生的永恒需求，不会在赋能方面出现太多改变；逐步改变的是融合能力，也就是 AI 能力的升级迭代。AI 技术会让 RPA 的应用场景和功能体验深度融合，产生裂变，而不是简单地叠加。

谈市场策略丨客户心中自有一本账，产品效益 + 市场博弈，形成合理定价

章丰：在数字员工的推行上，实在智能是从顶层规划入手，还是自下而上从典型场景开始铺开？

孙林君：两条路线可以并行。从短期看，数字员工是大 B（大型企业）和KA的刚需，因为他们存在劳动密集型场景，这就有提质降本增效的需求。但长远来看，随着自动化技术普及、门槛降低，越来越多的 C 端用户也可以受益。

这里的 C 端用户，是指单兵型职业，公司或组织里面的 KP（关键岗位）。比如我是大公司的财务，面临 30 多个省区市的报税问题，不可能把各地的税务系统都集成到公司的内控系统中。当这些跨系统的关键岗位有数据流通的需求时，就需要我们用服务 KA 的方式部署 RPA，这个模式叫 KP2B。

所以组织数字化不是一蹴而就的，而是一个逐步向下延伸的过程。过去 RPA 可能只是交付给客户一个系统，解决某一个痛点，但是客户的痛点往往不止一个。随着组织数字化越发深入，对跨系统、跨平台的服务也就提出了更为系统的要求。实在 RPA 数字员工就像胶水一样，将各个复杂的业务系统互相串联，协同共生。

章丰：公司短期内面向 KA，可能遇到教育成本高、决策链条长的挑战，如何平衡后续的服务成本？

孙林君：我们采用平台型的打法，在前期的商务拓展、后续的工具交付上，都形成了合作伙伴生态。实在智能输出交付标准，把控项目质量；合作伙伴承接相应需求。在这种合作模式下，合作伙伴可以低成本地将服务本地化；我们可以节省人力，更快速地进行业务拓展。

章丰：数字员工作为新兴业务，市场定价机制是否成熟？

孙林君：2020 年可以说是“AI+RPA”的元年，疫情推动了行业发展，企业在巨大的现金流压力之下，更加重视人效比，市场开始快速觉醒。初期 RPA 概念不普及，客户对产品定价、效果有顾虑，而现在，很多客户都是主动咨询购买。我们签单最快的客户只用了两个半小时，因为他们直观地看到困扰已久的问题被迅速解决了。

行业中的定价差异是存在的，如果一味地打价格战，用杀敌一千、自损八百的方式“跑量”，不是一种健康的商业模式。我们更愿意通过 AI 技术，围绕用户的核心痛点打造差异化、高价值的产品矩阵。客户心中也有一本账，会以产品节约的效益为基准，最后由市场博弈出一个合理的价格。

我相信，市场教育会逐渐抬升行业天花板，厂商壁垒也会逐渐显现。很可能第一批 RPA 厂商来“教育”了市场，但是第二批功底更扎实、技术创新能力更强的厂商才能在这个市场上“收割”。

谈行业水位丨在开源的环境中，围绕业务持续创新，带动行业能力提升

为推进数字化进程，实在智能携手浙江大学、吉林大学、东北大学、杭州电子科技大学、浙江外国语学院等高校发起全国“百城百校万人 RPA 大赛”，通过联合教学、课程开发、工具部署等进行深度校企合作，共建高校 & 实在 RPA 教学实践平台，参与数字化人才培养。

章丰：在新兴技术领域，通过校企合作培养人才，也可以抬升行业的整体水位。

孙林君：复合型人才是行业数字化转型的关键。一方面，我们希望将理论和实践结合，提升学生的实操能力、商业认知；另一方面，这些学生的实验室里就装着实在智能的产品，未来在参与行业数字化转型的过程中，他们很可能出于对产品的理解度、熟悉度选择续用。例如我们举办中国大学生“AI+RPA”创新创业大赛，希望能与高校、社会一起，共同培养更多“数智化先锋”。

章丰：在开源生态的构建方面，实在智能做了哪些布局？

孙林君：在开源的环境中，技术难以形成绝对的壁垒，围绕业务持续创新，带动行业能力提升，才是根本。良好的生态有助于我们自身积累语料和数据，提高算法的准确性，也有助于我们应对未来组织跨系统、跨平台的复杂要求。随着 RPA 行业标准化提速，各厂商的技术兼容性将会增强。

实在智能建立了“AI+RPA”的免费开源SaaS生态，开发者可以学习RPA教程、购买各类低成本的AI和RPA组件、与行业人士开展讨论，也可以享受到我们提供的扶持激励。大家共同钻研、打磨技术，做到真正通过技术落地，打造中国“RPA先行军团”。

目前社区内的开发者以个体KP为主，未来会有更多掌握专业知识和行业know-how的人才，在社区内学习自动化技能，创造各领域的数字员工。我们希望形成个体开发者和相关企业的通路，或者打造类似App Store的生态，让开发者在这里分享自研应用，供需求方购买。

章丰：RPA广泛落地、数字员工全面普及，会带来职场文化的新挑战吗？

孙林君：技术替代重复性人力，始终是不可阻挡的趋势。随着数字员工普及，“机器换人”，技术性失业可能会阶段性存在。但纵观人类历史，汽车代替马车，马车夫失业了，却涌现出了大规模的司机群体。技术不断更替发展，新的就业生态也伴随而来。随着物联网和大数据的快速发展，未来职场人在面对海量且复杂的数据时，如果没有IPA的加持，工作量将呈指数级增加，而创造力会持续走低，这会禁锢员工的发展。机器是冰冷的，IPA的创新要有温度，让工具真正为人所用。

快问快答

达成目标后，你如何犒劳自己?

吃顿好的。我爱吃肉。

挑选合作伙伴，你最看重的品质是什么?

实在。这是最根本的用户心智。

你会给创业者一个什么样的“锦囊”?

疫情期间，不要创业。

你最想改变世界的一件事是什么?

让实在 Agent 数字员工成为人们的工作必备。

如何定义“数字新浙商”?

一个引领未来的群体。

创邻科技张晨：

打造自主可控的国产图数据库

张晨

创邻科技创始人兼首席执行官

创邻要提着探照灯，用硬核科技
开拓认知智能的时代。

中国计算机学会（CCF）信息系统专业委员会执行委员、北京理工大学校外博士生导师、香港科技大学（广州）实践副教授、正高级工程师。加拿大滑铁卢大学计算机科学博士，加拿大麦吉尔大学博士后。曾就职于美国运通，担任首位大数据科学家。在谷歌基于 BigTable 实现分布式事务的研究成果发表的同时，独立发表了基于 HBase 实现分布式事务的博士研究成果，研发了世界首款基于 Hadoop 的分布式关系型数据库。2016 年回国创办了国内第一家分布式图数据库公司——创邻科技。

“想象一下，这间会议室摊满了几百份文件，如果你想在一毫秒内找到其中和我有关的全部信息，如何实现？”

谈到图数据库，张晨眼里有光。枯燥的技术概念，一经他口，就成了生动的例子：“假设在空间内造一个水晶球，用水晶线连接球体和文件中与我相关的信息，将它存储下来。当你牵动水晶球，就可以得到各个文件中关于我的数据。图数据库就是这个水晶球，它围绕一个主体，关联着海量信息，改变了数据之间关联的方式。”

牵动“张晨”的这颗水晶球，见证了一条从科学家到创业者的转型之路。在加拿大滑铁卢大学获得计算机科学博士学位后，张晨先是在麦吉尔大学做博士后，之后担任了美国运通大数据科学家、Splice Machine软件架构师，并在加拿大创立底层数据库公司Graph Intelligence Inc.。2015年，张晨来到杭州，成立创邻科技（下文简称“创邻”），打造自主可控的图数据库产品。

创邻取自英文create link，寓意“创造连接”。张晨认为，通过建立连接，让孤立的数据形成完整、全面的知识结构体，赋能用户去洞察、创新，是图数据库技术存在的本质价值和意义。

“就像《黑客帝国》最后一幕，世界会变为网状，日益发展的数字化生活中，图数据库会成为表达网络世界更直白的方式。我坚信图数据库技术是未来数据管理中不可或缺的模块，是数字化企业创新的引擎。”

谈创业初心丨当时我还不知道“图数据库”，想找到让数据高效联通的技术

章丰：图数据库是个“新物种”，用普罗大众都能理解的语言，先做个科普吧。

张晨：世界是广泛关联的，我们的数字生活到处充满着网络，社交网络、供应链网络、交通网络、药品网络……比如，你要买一张拼旅程的机票，如何规划路线，进行全局优化；疫情导致某个城市交通中断，如何调整物流路线，以降低运输成本；等等。生活中充满了网络结构，人们日用而不知。

图数据库中的“图”，是将客观世界的人、事、物抽象成“点”，将他们之间的关系抽象成“边”。任何可以用关系定义的客观事物，都可以用图模型有效表达。总的来说，图数据库的价值和意义，就是通过建立连接，让孤立的数据形成完整、全面的知识结构。

章丰：你是怎么和图数据库结缘的？

张晨：我读博期间的研究主要基于 Hadoop（分布式系统基础架构）。参加工作后，我接到一通电话，对方说让我“延续梦想”，我还以为是骗子。其实是我的博士论文成果被硅谷一家公司产品化，转化成了他们的核心底层技术。我也因此进入那家公司，研究分布式数据库。在服务大型企业客

什么是图（Graph）？
基于图论，以点（实体）和边（关系）描述现实世界中个体与个体之间网络关系的数据结构。
什么是图数据库（Graph Database）？
以点、边为基础储存单元，以高效存储、查询数据为第一设计原理的数据管理系统。
一图，胜过千言万语。
冯小刚
导演
出演
导演
王宝强
出演
刘若英
出演
出演
甲方乙方
天下无贼
生日 1969.6.1
籍贯 湖南醴陵
类型 喜剧
上映 1997.12.24
票房 3000万
出演
刘德华
葛优
资料来源｜创邻科技

“图数据库”释义

户的过程中，我发现业务中开始出现二三十个多表关联的需求，需要做海量的数据大规模关联查询，很难用现有的数据库技术解决。

我认为，世界会从“0101”的状态变成万物互联。市场上，大客户有了更复杂的数据关联需求；专业上，我做的是分布式计算，“老婆同学”（指张晨的妻子吴菁，创邻科技首席运营官）做的是大规模社交网络分析，这就是我们该干的事。当时我还不知道“图数据库”，只是抱着简单的初心，想用一种可以高效联通数据的技术赋能各行各业，释放数据资产的价值。

章丰： 你们已经在加拿大创业了，2015 年又回到国内，是出于什么样的考虑？

张晨： 中国有巨大的人口基数和成熟的数字化基础，具备产生海量数据、催生上层技术和应用的基本条件。做数据关联、创造数据连接价值，中国会是全球最好的市场，没有之一。投入基础软件研究，现在正当时。

2015年底，我回国参加浙江大学竺可桢学院的校友会，在杭创业的师兄告诉我，国内有丰富的数据关联场景，政府对人才项目的支持力度很大。杭州有我的母校浙江大学，有我的同学圈、朋友圈，还有高科技产业的集聚效应，所以我们带着在国外的技术积累和商业思考回到了杭州。

谈应用场景丨业务呈网状结构的领域，都能发挥图数据库的优势

章丰：相比常用的关系型数据库，图数据库有什么特点？

张晨：关系型数据库以行、列为基础存储单元，类似Excel表格。图数据库以点、边为基础存储单元，是网状结构。关系型数据库解决的问题是如何有效地管理数据，图数据库解决的问题是如何有效地管理数据间的关系，从而挖掘释放数据的最大价值。

比如，在生鲜App场景中，运营人员需要深入挖掘某省女性用户的画像，了解她们最爱购买的水果、酒类和甜品，引导促销活动。这些数据在关系型数据库中表现为用户、订单、订单详情、商品四张表格，哪怕每次只查询一个关联数据，都需要逐行扫描表中所有记录。

而在图数据库模型中，省份、用户、订单等以节点存储，并通过位于、订购、包含等关系连接。做关联查询时，只需查询指定实体，比如某一省份，就能实现关联查询，了解该省用户、订单等，查询成本与全局数据量无关。

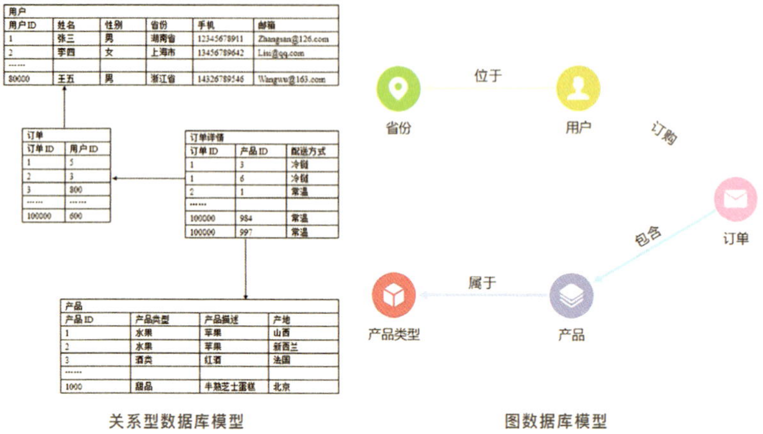

生鲜 App 场景示例

所以，在关联查询的效率上，图数据库比关系型数据库提升了千倍以上；同时，图模型表达关系也更灵活，一目了然。

章丰：图数据库在关联和检索效率上占优势，会替代关系型数据库吗？

张晨：两者是互补关系。关系型数据库仍然有其存储的优势，针对具体的业务场景，可以有不同的选择。一些传统企业数据存储需求小，只使用图数据库就可以满足，节约成本。

章丰：从发展阶段来看，图数据库有点像两年前的区块链技术，行业都在找技术落地的“爆款”场景。图数据库找到了吗？

张晨：我们也在找 killer App（杀手级应用）。难点在于，底层系统面向不同行业，扮演的角色不同。图数据库的关键应用场景要满足几个条件：市场大，普适性强，且业务呈网状结构。业务的网状结构越明显、越复杂，图数据库的优势越显著。创邻业务覆盖的电力、金融、营销、电信、供应链、社交、公安等领域，都符合这些特征，我们可以在每个领域选择典型场景先行落地。

在金融领域，图数据库技术可以追查团伙欺诈、反洗钱。举个真实的例子。某市公安局打击洗钱，需要梳理 20000 多个银行账号、4000 万条交易记录。常规的人工逐条比对，半年时间才能摸清洗钱的供应链。利用图数据库，导入交易数据后，系统会构建出一张交易网络图，识别洗钱网络，关联交易账户，做到秒级完成。同样，对于金融领域的反欺诈、套现风险防范，公信贷风控等场景也适用。

谈发展历程 | 原料积累和市场需求，倒逼图数据库兴起

章丰：近几年图数据库在中国飞速发展，你怎么解读背后的底层逻辑？

张晨：海量数据的充分累积，关联需求的不断增加，倒逼图数据库技术进入了主流赛道。图数据库的兴起，是在人们已经实现了高效数据管理之后转向提取数据价值的体现。

图数据这项技术的代码早在 2002 年就出现了，但直到 2013 年，都没有被国内外大规模启用。这是因为当时数据作为生产原料，还不具备完备的基础。数据分析工作需要花费大量时间在数据清洗上，比如有的文件需要用 OCR 技术识别再提取。

2015年我回国创业时，搜索引擎上只有几条图数据库的记录，研究比较早的团队也是从单一场景切入。后来大家熟知的就是天眼查、企查查，在工商数据领域运用了图数据库技术。

章丰：当时国内讨论比较多的是“知识图谱”。

张晨：其实知识图谱只是一种表现形式，随着大规模关联数据的增加，业内开始意识到图数据库作为底层技术的重要性。消费互联网高速发展，淘宝通过建立买家和卖家的网络，降低了交易成本，促进了电商的繁荣；滴滴通过建立车主和乘客的网络，提升了整个社会的出行效率……基于大网络体系的商业模式会产生海量关联数据，企业需要处理数据的能力，图数据库就登上了舞台。

浙江省正全面推进数字化改革，杭州数字经济蓬勃发展，各行各业都需要打破数据孤岛，高效协同。面对广泛的多源异构的数据要求，图数据库作为一种基础设施，能把网络化的世界用网络化的形式来存储和处理。未来，图数据库一定会和水、电、煤一样，成为生活必需。

谈核心优势丨打造自主可控的国产图数据库，打好软件应用大厦的地基

“团队花了三年时间研究打磨底层技术，在此基础上，推出了创邻的核心产品Galaxybase，这是国内最早拥有全自主知识产权的分布式图数据库。”张晨介绍，在“根深蒂固”的底座上，Galaxybase图平台开始“枝

繁叶茂”，提供数据迁移、建模、存储、查询、运算、分析的一站式解决方案，为企业打通数据孤岛，建立以推理为基础的人工智能。

章丰：创邻的图数据库 Galaxybase 采用原生分布式并行架构，这带来了哪些核心优势？

张晨：原生，意味着 Galaxybase 不依赖其他数据库的存储系统，真正实现了国产化和安全自主可控，保证客户的关键业务不受外部环境约束，同时可以深度适配各类国产软硬件。尤其对于有明确国产化需求的企事业单位，原生有明显优势。

Galaxybase 支持分布式水平扩展的方式，可以通过增加集群机器数量的方式来提升集群的计算和存储能力。海量查询、计算的任务，可以分布式分发给不同的服务器，并行完成。处理 50000 亿张超级大图，只需要 50 台机器集群；原本需企业花费数日的离线分析，变成了实时决策的在线智能。

章丰：开源闭源也是基础软件绕不过去的问题。对此你怎么看？

张晨：创新企业开闭源，前提是关注自己的“KPI”（关键绩效指标），分析“天时、地利、人和”三个前置条件。

“天时”指的是外部市场环境。图数据库国内外的市场份额已被成熟产品占据，开源能让产品在市场采用率上有先发优势，但商业价值的转化和利润是关键。在图数据库这种新兴的 to B 底层技术领域，开源在国内既无法获得足够的产品迭代输入，又极难变现。

“地利”代表国内的开源环境。在国内外图数据库厂商中，技术来源于社区贡献的非常少，作为用户使用尚在早期阶段的新技术，甚至连用户的使用场景反馈都不多。国内的开发者大多在业余时间参与开源项目，很难持续参与研发。

“人和”，是看产品的定位和目标人群的需求。国外成功的开源项目大多针对细分领域的特定需求。这类小而美的产品开发周期相对较短，开发者可以快速学习、介入并进行修改和迭代。

所以，选择开源要想清楚我在其中创造了什么价值；首先让自己活下去，才能创造价值。综合考虑开发效率、性能、维护难易度等问题后，我们决定在闭源的基础上做行业应用，或者开发小型独立数据库。当国内的开源土壤更肥沃时，我们也将开放部分功能，助力开源生态。

章丰：近几年内，创邻对国内外的市场是如何规划的？

张晨：我希望打造自主可控的国产图数据库，释放数据关联的价值。如果把应用软件比作高楼大厦，基础软件就是地基。互联网时代，中国涌现了很多优秀的应用软件企业，但基础软件的市场份额仍然被国外厂商占据，一旦外部形势发生变化，大厦就岌岌可危。

所以图技术库服务更需要 local for local（就地取材，服务本地）。国内有丰富的数据生产资料，市场迭代快、机会多，信创环境利好有自主知识产权的基础软件。创新企业可以用好这几年的窗口期，修炼“内功”，增强“体质”。

谈行业生态丨把产品能力磨砺得足够强，有实力在夹缝中生存

章丰：在图数据库的推广过程中，你遇到的最大挑战是什么？

张晨：现阶段的挑战主要在于市场教育。因为我们离应用较远，大众认知比较困难，客户倾向于为问题买单，一个问题就是一套解决方案，单靠图数据库公司很难完成。

我刚回国的时候，就遇到一个意料之外的客户要求。客户说“你的技术很好，给你四台机器，把我的问题搞定”。“翻译”一下他的需求，就是从搭建底层环境、安装数据库，到应用层，再到和业务人员沟通的界面，一整套解决方案都由我们实现。后来我决定只做图数据库层，因为这是我想做的，也是我擅长的，而不是把自己变成一个集成商。

章丰：这确实是国内外软件服务的差异，国外软件服务起步早，分工比较成熟。

张晨：国外市场为单一技术产品买单的意愿更高，服务商拼的是技术性能、服务质量，创新企业可以沉心打磨一个小而美的产品。国内比较“卷”。打个比方，企业能自研 60 分的产品，就不愿意花钱对外采购 90 分的产品，这也导致行业生态的无序。

我相信，随着国内市场的成熟，这种现状会得到改善。新一代创业者的原创意识会更强，更专注于产品打磨的过程。这种转变需要一个过程，没有一招制胜的方案。

章丰：目前创邻是否需要协助应用商实现前端解决方案？

张晨：我们坚持做产品化的公司，以图数据库产品为核心，前端解决方案可以与合作伙伴和KA协同。在我们服务的客户中，相当一部分标杆客户已经买了很多“烟囱”（孤立不互通的信息系统）。我们可以在不改动前端业务系统的前提下，通过优化底层设施，也就是动力部分，驱动“烟囱”更好地运行。

章丰：新兴赛道总是不乏巨头的身影，初创公司如果定力或实力不足，可能会变成巨头孵化出的解决方案之一。

张晨：在这场博弈中，我们要把自己的产品能力磨砺得足够强，有实力在夹缝中生存。巨头会涉足这个领域，但打法往往基于现有的系统和平台，从项目角度出发，不是为了一个通用化产品进行设计的。创邻过去六年一直专注于底层数据库的研发，在产品迭代、客户需求理解、服务响应上有相对优势。

对于巨头抛来的橄榄枝，我们以开放的姿态拥抱，也期待与云厂商合作。云厂商自研的图数据库未来将占据公有云市场，在同样广阔的私有云市场，一定有创邻合作共赢的机会。

谈创业与家庭 | 家和万事兴，就是底层逻辑

章丰：创业不易，你有没有过后悔的时刻？

张晨：不后悔，我很庆幸做了这个选择。前三年确实难熬，刚开始团

队就三个创始人，每天在星巴克工作，互相做“气氛组”。在基础积累期，家里卖了一套房子，才让公司“起死回生”。创业累，但也是一条让人快速成长、终身学习的道路。有人像我一样喜欢创业，有人喜欢按部就班地工作，社会分工不同，各有自己的快乐。

创业者要天生心大、天生乐观。我妈就不适合创业，无论我说事情做成了还是没做成，她都会失眠。同时，创业者要愿意学习，市场变化很快，一定要拥抱变化。变化才是最大的不变。

章丰：“八卦”一下，是不是“夫妻组合”让创业没这么难了？

张晨：底层逻辑是“家和万事兴”。现在我主要负责融资、访谈、技术方向、公司战略，她负责日常运营。从大学到现在，我们认识 22 年了，非常互补，有事一起扛。当然，一起创业，就有更多的“吵架素材”。只要大家目标一致，都能解决问题……不过，一般是她说了算（笑）。

章丰：这条是关键方法论（笑）。

张晨：其实我想做的事可多了，早年在国外，我想做少儿英语，让外国人、留学生在线教中国孩子英文。老婆听了劝我说：你很会融资吗？ to C“烧钱”，会融资的人很快可以超越你。就把我劝住了。

创业就是九死一生。回忆创邻的成立，我可能会说这是个“美丽的意外”，但我们相信它的成功将是一种必然。成功在于关联，and “we connect the dots”（而我们串联生活的点滴）。

快问快答

达成目标后，你如何犒劳自己？

出去吃一顿。

挑选合作伙伴，你最看重的品质是什么？

靠谱的实诚人。

你会给创业者一个什么样的“锦囊”？

家和万事兴（老婆说了算）。

你最想改变世界的一件事是什么？

做一款很牛的产品，让一群人回味。

如何定义“数字新浙商”？

传统浙商更多是在实体领域，数字新浙商则有更多“硬核科技”的属性。科技创新已经代替模式创新，成为驱动经济高质量发展的核心动力。

惠合科技郑云帆：

让百万门店成为品牌的合作伙伴

郑云帆

惠合科技创始人兼首席执行官

惠合是连接品牌和传统门店的平台，与品牌间形成协同的商业模式，带动智慧门店蝶变。

快消品渠道数字化营销专家，对传统零售业的互联网转型有深刻理解和实践经验。郑云帆于 2016 年创立惠合科技。惠合科技一直以传统渠道为营销阵地，以“让商品流通的每个环节变得更简单有趣”为使命，致力于通过平台化产品及智能化营销方案高效链接品牌商、非连锁门店及消费者，为企业打通传统渠道的营销闭环，实现营销服务数字智能化。目前，惠合科技已经与百度 AI、浙江工业大学展开了深度合作，并服务可口可乐、农夫山泉、雀巢、玛氏箭牌等百余家国内外知名品牌，吸引了超 150 万家线下门店入驻。

杭州华星路108号，怡泰大厦伫立在各式小商铺之间，墙体显现出斑驳的痕迹。乘电梯直达10楼的惠合科技，办公环境略显局促。郑云帆如一阵风赶来，边问好边介绍，“创业公司，员工通勤方便最重要，这里离地铁近”。多年来，不论办公条件，还是个人收入，郑云帆都保持着朴素和清俭。他觉得，这是一种创业态度。

2006年，还是大一学生的郑云帆产生了创业的想法。服装设计系的他，目光没有停留在设计稿和各色布料上，而是转向了人来人往的下沙金沙数码港。他卖过电脑，做过电梯传媒，拿过300万元天使轮融资。“到了2008年，资金基本耗尽，我反思自己缺乏商业知识，决定去英国深造。”

工商管理硕士毕业归国后，郑云帆曾在雅培、中国烟草工作，成为中国第一代B2B供应链平台创业者。历经5年探索，2016年，他成立惠合科技（下文简称“惠合”），打造连接品牌与传统门店数字化营销平台“e店佳”。全中国有超过600万家零售小店，绝大多数是夫妻店，如今，“e店佳”平台上已入驻超150万家小店。

“惠合不是在提供数字化工具，而是与品牌间形成了业务协同的商业模式。我们会坚持从产品技术驱动向双边效益驱动发展，让百万门店成为品牌的合作伙伴，让品牌自身的数字化基因带动中国智慧门店蝶变。”

谈公司定位丨选择营销，是因为看到了行业数字化的终局

章丰：惠合为什么选择从营销环节改造传统零售业？

郑云帆：我们看到了行业终局，零售行业一定会实现全面数字化。实现全面数字化，就要从交易、物流、营销这三个环节切入。

互联网的本质是解决信息不对称。传统零售业的交易环节，信息通路顺畅，门店老板并不存在“进不到货”的问题，他考虑的是“谁给我的货更便宜”。但定价权在于品牌方，电商B2B的做法很难长期靠价格撬动流量，还会破坏品牌原有的经销渠道。

第二个切入点是物流。作为初创团队，我们难以撬动大量的资金、资源，构建整个行业的基础设施。加上不同商品的履约方式、成本构成不同，很难搭建一套具有共性的体系。

再看营销，或者更精确地讲，marketing。每年，快消品牌投入小店的营销费用超过5000亿元，占总营收的10%。活动的传达、执行、费用结算，都需要经过“品牌商—经销商—门店—消费者”的链路，信息不对称、效率低下。

章丰：这些传统链路里可被数字化提效的空间巨大？

郑云帆：我们认为品牌和门店间存在平台的机会。中国有600多万家零售小店，绝大多数是夫妻店，即便是在偏远地区，小店也都具备数字化的基础——老板的智能手机。举个例子。某个品牌想让门店冰柜里第三、四层都摆它的饮料，每个礼拜给门店50元冰柜陈列费。门店老板接下这

个任务，完成之后拍照片或者录视频上传，就可以核销。

传统的方式，就是业务代表一家一家地与门店沟通，效率低下，而且费用发放周期很长、不透明。我们能不能建立一个平台，连接这些小店，让品牌的活动发起、执行反馈、费用结算，都在平台上完成？所以惠合搭建了一个连接品牌和传统门店的数字化营销平台，帮助品牌通过数字营销提升效率。目前惠合已经合作了超百家客户，其中一线快消品牌 60 多家，积累了超过 150 万家活跃门店，发放流水达亿元级。

谈产品化与定制化丨做产品要像建别墅群，而不是建高楼

在“e 店佳”平台上，品牌可以发布、管理、监控营销活动，门店通过游戏化任务完成营销，经销商 / 业务员可以参与门店管理，传统渠道中的信息流和资金流两大核心难题得以解决。此外，惠合还根据品牌方需求，提供从平台化产品、营销方案到运营支撑的一站式服务。

章丰：惠合面向品牌客户，面临营销方案定制化、个性化的需求，这与 SaaS 化的产品机制是否有冲突？

郑云帆：产品化和定制化的边界是我们不断在探索的。我们深入行业后发现，marketing 可以分为 branding（品牌营销）和 trade marketing（渠道营销）。品牌营销是广告公司在做的，基于流行趋势、消费者喜好变迁，需要不断调整方案；渠道营销服务于销售，不靠创意，靠执行，模式比较

固定，有很大的标准化空间。

比如门店的基础陈列，背后有一套动销逻辑：口香糖放在收银台的左边或右边，带动的销量不同；夏天可乐一定要摆在冰柜里，因为天气热，消费者倾向于购买冰爽的饮料，哪个品牌抢占冰柜的“排面”更多，销量就更大。

章丰：所以惠合的业务场景聚焦的是渠道营销？

郑云帆：对，我们找准了可执行、可标准化的部分做深做透，解决执行低效、信息传达低效的问题。在产品销售过程中，有进店、上架、出店三个关键节点，惠合就从这三点出发，保障终端执行效果。具体的执行策略涉及三个重要问题。

如何快速让门店使用“e 店佳”？我们在品牌货品出厂阶段，就在货品包装上附好二维码，商品进店后门店开箱扫码进入小程序即可领取现金红包、返货券等进货奖励。

门店开箱扫码参加活动

如何让品牌得到真实的执行反馈？惠合用AI图像识别技术做智能审核，监测货品的陈列和维护情况，这些数据被实时传输给品牌，品牌审核完后直接在“e店佳”上发放费用，核销周期从60天减少到7天。在审核标准清晰、费用发放快且透明的前提下，门店参与性很高，不仅自发性维护，且维护频次提升了2～4倍。

本品品项数	本品排面数	本品占比
27	77	100%

商品识别详情：

产品名称	排面数	所在层数
可乐_常规_罐装_sleek_330ml	2	1
可乐_常规_罐装_城市罐_330ml	5	1
可乐_常规_罐装_反转罐_330ml	1	1
雪碧_常规_罐装_sleek_330ml	5	1
芬达_常规_罐装_橙味_330ml	1	1
可乐_零度_瓶装_300ml	1	2
Monster_原味_330ml	2	2
Monster_超越_330ml	1	2
雪碧_常规_罐装_sleek_330ml	6	2
可乐_常规_罐装_城市罐_330ml	2	2
芬达_常规_罐装_橙味_330ml	2	2
可乐_常规_瓶装_黄瓶盖_500ml	2	3
雪碧_常规_瓶装_500ml	1	3
芬达_瓶装_扭扭瓶_橙味_500ml_680ml	2	3
芬达_瓶装_扭扭瓶_水蜜桃味_500ml_680ml	1	3
AHAH_瓶装_白桃乌龙_480ml	1	3
可乐_常规_瓶装_680ml	2	3
雪碧_常规_瓶装_680ml_1L	2	3
纯悦_常规版_550ml及以下	2	4
可乐_零度_瓶装_500ml_888ml	1	4
AHAH_瓶装_柚子海盐_480ml	1	4
Costa_拿铁_300ml	1	4
阳光茶_瓶装_柠檬茶_500ml	1	4
美汁源_果粒奶优_瓶装_原味_450g	2	4
美汁源_Qoo_瓶装_橙味_450ml	2	4
美汁源_果粒橙2020_瓶装_420ml	2	4
淳茶舍_玉蕾红茶_480ml	1	4
雪碧_常规_瓶装_680ml_1L	3	5
可乐_零度_瓶装_300ml	1	5
可乐_常规_黄瓶盖_500ml	1	5
可乐_零度_瓶装_500ml_888ml	1	5
可乐_常规_瓶装_500ml	3	5
雪碧_常规_瓶装_500ml	3	5
雪碧_零卡2020_瓶装_500ml	1	5
纯悦_常规版_550ml及以下	12	6

惠合“AI陈列检核”图像审核准确率已达98%，
并有人工复核加持，保障99.99%的识别准确率

如何让店铺多参与活动、多进货？赋能门店增大客流，提高动销量。比如在零售终端门店增加更多新“玩法”：消费者在抖音上刷到某条推广视频，可以跳转到惠合的链接领取商品优惠券，同时借助LBS（基于位置

服务）匹配附近可用的门店，到店扫码即可享受购货优惠。统计数据显示，品牌活动期间，销售量同比增长 15% 以上。

章丰：在 SaaS（软件即服务）的标准化方面，惠合沉淀了哪些经验？

郑云帆：创业初期，惠合的业务拓展和产品迭代主要来源于对 KA（重点客户）的开拓能力和项目交付能力。2018 年底，我们重新规划“平台 2.0”，分析、归类 KA 客户需求，建立营销模板库，积累场景能力，将其复用到中腰部客户。2021 年底，惠合启动“平台 3.0”，加强标准化能力。像风控、用户画像、资金账户、消息触达体系等是共通的，不会随着业务场景变化。我们也走过弯路，尝试过在一个模块内兼容所有的品牌、渠道、商品类型，但随着服务的品牌越来越多，产品也越来越“重”，难以满足细分品类的需求。

就像在很浅的地基上建高楼，楼建高了就不结实，要在里面不断“插管子”，去兼容新需求。现在我们的产品逻辑是建“别墅群”，提供标准化基础服务的 PaaS（平台即服务）层作为地基，上层提供更精准的 SaaS 产品，匹配细分品类、渠道模式。

谈 SaaS 企业核心能力 | 商务力、交付力、产品力、平台力

章丰：沿着最初的战略设想，五年来，惠合如何一步步构建起自己的核心竞争力？

郑云帆：据我观察，SaaS 公司的核心能力，都要经过“商务力—交付

力—产品力”三个阶段的积累。商务力，是初创企业活下来的根本；交付力，保证前端快速拓展精准客户，后端有能力高质量交付并持续服务；产品力，在交付基础上提升需求满足的效率，加固市场壁垒。

对于大部分企业服务类公司来说，这三个核心能力可能是企业整个生命周期的目标，未来就是市场份额的变化。惠合作为一个连接品牌和传统门店的平台，还会产生第四个“拉力”——我称之为“平台力”，核心是“双边效应”。

章丰：怎么理解“双边效应”？

郑云帆：我们切入数字化营销的初衷，是帮助品牌商解决终端营销费用核算的问题。2017 年，第一批品牌找到了我们，促使我们连接到最初一批小店。有了小店资源，新的品牌又来寻求合作。门店拉动更多品牌在平台进行营销投放，品牌营销又拉动更多门店在平台参与活动，这就带来了双边效应。

章丰：刚起步时，惠合只是一家初创公司，品牌为什么愿意提供门店资源，帮助拓展前端渠道？

郑云帆：当时正好处于历史窗口期。经过了消费互联网及 B2B 交易平台的教育，“平台”概念已经深入人心，品牌都接受了连接门店的就是平台。但在本质上，当时的惠合还是一个工具，只不过坚持用平台的路径落地我们的商业模式。

我们抓住了历史窗口期，与品牌协同，加速了我们标准化产品的成形，并在更多行业和中腰部客户中复制、拓展。后期，当惠合的产品羽翼渐丰，这些品牌也收获了平台带来的红利，赶上了数字化的浪潮。

章丰：从工具到平台，突破点在哪里？

郑云帆：连接的深度和广度不同。工具解决的是现有业务的需求，比如信息透明、效率提升；平台是面向产业各环节，形成业务协同。

举个例子，当年乔布斯坚持 iPod 只能在 iTunes 上购买音乐，iTunes 的音乐也只能在 iPod 上播放，而索尼 MP3 支持播放从各个网站下载的歌曲，最终苹果公司牢牢占据了市场地位。惠合不只是提供数字化工具，而是与品牌形成业务协同；一旦品牌的数据资产、业务体系、财务体系和平台深度协同，迁移成本就会很高。

同时，平台可以形成数据侧的能力积累。惠合积累了大量市场营销数据，建立了覆盖门店的基本画像，可以通过算法告诉品牌方，不同区域的不同门店所需的折扣力度、当月合理的压货目标。基于消费行为数据，品牌可以查看每一家门店的近场运营情况，为后续的精细化运营提供基础。

谈竞争壁垒丨营销数字化的核心壁垒在市场，一端是品牌，一端是门店

章丰：从覆盖门店的规模上看，惠合已经占据了 25% 的市场。在快消品数字化营销赛道深耕五年，你们是否形成了“护城河”？

郑云帆：我们的 AI 图像识别技术应用、基于数据的分析能力等，在一定程度上构筑了快消行业的技术“护城河”，但驱动行业营销数字化转

型的核心壁垒还是在市场。市场壁垒，一端是品牌，一端是门店。中国的“S级”品牌只有 300 多个，谁能拿下更多腰部以上的品牌，谁就能更快地形成核心壁垒。

惠合建立“护城河”的标志，就是品牌的市场营销部门有专人和我们对接。我们观察到一些品牌专门成立了数字化渠道部门，争取活动投放的预算。从这个趋势看，未来的市场营销部门更像运营部门；而运营的基础设施，就是惠合的营销平台。

章丰：在传统的营销体系下，信息流、资金流的不透明，可能会赋予经销商更多话语权。数字化推进如何克服原有利益的摩擦？

郑云帆：经销商追求的是交易利润的最大化，我们要通过提升效率、加快卖货速度，让经销商看见销售额提升和门店的进货积极性。惠合这五年的数据证明，经销商的短期收益、长期收益都高于过去。在合作初期，我们也会给品牌留出 2～3 年“软着陆”的时间，作为市场培育的过程。

章丰：在终端门店的教育和学习成本控制上，你有哪些心得？

郑云帆：从平台数据来看，40～50 岁的用户占比最大，30～40 岁用户的比例在不断提升。年轻化，意味着接受度更高。数字化一定是大势所趋。虽然门店会参与很多品牌活动，但就像电商购物一样，学习成本只存在于第一次。

在商业模式上，我们以向品牌收取年度订阅费和按门店参与量收取费用为主。小卖部老板对成本高度敏感，需要看得见的利益。过去 B2B 交易数字化只能帮他们省钱，现在做营销数字化是帮他们赚钱。我们测算过，“e

店佳”平均单月给每家门店带来的增收是1000～2000元。

谈数字化转型丨实现品牌、渠道、门店、消费者四端在线

章丰：如何看待营销行业的数字化转型？

郑云帆：从行业变迁来看，自2000年开始，以康师傅、可口可乐为代表的品牌提议行业进行信息化改造。2010年，品牌商开始有数字化动作，主要围绕“内部提效”的目标进行，比如通过自动化系统方便业代管理，以AI图像识别技术代替传统的人工审核工作，等等。2014年左右，品牌商不再满足于只掌控内部协作伙伴的数据，希望从门店和消费者出发，实现体系化的数字赋能，所以出现了很多B2B、B2C交易平台。

这都是自上而下“推”的过程。到今天，品牌几乎已经把“推”这件事做到了极致，接下来我们要考虑的，是怎么自下而上“拉”。我们希望通过“e店佳”平台帮助行业建立一个数字化的基础设施，自下而上地为行业重新梳理营销路径。

章丰：未来全产业链数字化会带来哪些变化？

郑云帆：一瓶矿泉水，从瓶盖生产到水被喝完，会由品牌商、渠道商、门店和消费者四个角色经手，这也是快消品线下零售所有环节里的核心角色。这四端的在线化，也是一个全产业链数字化的过程。

品牌商、渠道商、门店、消费者四端在线

为什么我们先通过品牌和门店实现在线？因为两者间存在明确的信息不对称，数字化需求更迫切。品牌商数字化后，渠道商很容易受影响，需要用数字化来提高业务效率，提升业务增量。消费者数字化还需要基于消费需求、消费习惯和底层基础设施的变化，所以优先级放在最后。

当下的电商，解决的大多是计划型消费，比如服装、日用消耗品等。如果消费者想喝口饮料、吃片口香糖，第一选择仍然是线下——下趟楼，肯定比线上下单的效率更高。而当我们实现品牌商、渠道商、门店的数字化之后，商品交付的过程就能融合线上、线下场景。消费者在线上购买，享受线上的优惠和效率，然后在线下通过电子消费券核销。这个方式，让前三端和C端形成了数字化连接，实现了全产业链的数字化，同时也形成了闭环，四端受益。平台不能只考虑单方利益，要让产业链的每一个环节都变得更好。

章丰：新零售领域还有很多行业巨头，比如阿里零售通、京东京喜通。未来它们与惠合这样的创业型企业会是什么关系？

郑云帆：错位协同，融合互补。大家的服务对象有重合，但业务切入点不同。它们偏交易，我们偏营销，营销永远是为交易服务的，根据销售情况、交易规模来匹配资源。一般企业不会叠加做营销平台和交易平台，这会触及品牌利益。在我们的品牌客户里，也有半数在尝试自建系统，纳入交易、物流和营销功能。未来品牌和第三方服务商可能是“并行”的，品牌自建一部分基础设施，服务商提供一部分，而不是单方垄断。这才是健康的生态。

快问快答

达成目标后，你如何犒劳自己?

比如挑战户外极限生存，在零下十几摄氏度的雪山上露营。

挑选合作伙伴，你最看重的品质是什么?

不“玻璃心”，能忍受创业的孤独，有自驱力。

你会给创业者一个什么样的“锦囊”?

大胆试错，快速迭代。当模式被验证后，要坚持深扎。

你最想改变世界的一件事是什么?

我还真没想过，我们是一个比较务实的团队。

如何定义“数字新浙商”?

传承。浙商有许多从古延续至今的优点，比如市场嗅觉灵敏、务实、勇于探索。“数字”则是这个时代赋予我们的最重要的标签。

每刻科技魏美钟：

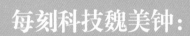

为会计创新贡献中国智慧

每刻科技创始人兼首席执行官

魏美钟

助力企业开启新一代财务云共享模式，打造实时数字会计，引领会计变革。

现任浙江省会计师协会副理事、《财务与会计》理事会成员。毕业于厦门大学会计学专业，工商管理硕士，正高级会计师、注册会计师、国际注册内部审计师，注册税务师，注册资产评估师。历任浙江大华技术股份有限公司副总裁兼 CFO 长达 15 年，其间一手搭建了财务、IT、HR 体系，并为大华孵化了多条新产品线。长期担任中央财经大学、浙江大学、杭州电子科技大学等知名高校的研究生企业导师，上海国家会计学院特聘讲师，为各高校、协会等多次提供主题授课。

公司连续 3 年入选杭州准独角兽企业，产品能力业内领先，涵盖智能报销与费用管理、应收协同、应付协同、发票管理、会计电子档案管理、财务分析 BI 等业务，为客户提供业财一体化数字财务解决方案，帮助财务整体提效 50%～80%。

“在传统会计行业中，中国曾经是领先的。大禹是会计审计的始祖，治水完成后，他建立了统一管理的上层建筑；诸侯和部落要交管理费，就有了记账、稽核。”漫步经过每刻科技的文化墙，从甲骨时代的结绳记事到中国历史上第一次会计审计工作大会，历朝历代记账方式的更迭均被记于其中，中国会计发展史一一呈现。

伴随着大航海时代商业文明的到来，现代会计出现，中国的声音却逐渐微弱。魏美钟为我们描绘了美好的图景：“我希望现代会计的历史进程能留下我们中国人的烙印，中国能重回世界会计创新中心的舞台。”

创立每刻科技（下文简称“每刻”）之前，魏美钟已在财税领域工作了三十年。前十五年，他供职过供销社、乡镇企业、国有企业、外资企业；后十五年，他任职大华股份副总裁兼财务总监。随着会计行业从手工时代、电算化时代到ERP时代的推进，他将自己对会计数字化的思考落地应用。

2015年每刻成立，聚焦群智云财务产品和解决方案，帮助企业实现数据共享、业务与财务全方位协同。“每刻”二字凝结了魏美钟颠覆百年不变的会计结账周期、实现每时每刻结账的朴素愿景。经过九年发展，每刻已服务4000+客户，用户规模超过270万，覆盖全球180多个国家及地区。

“三到五年内，中国将成为世界上第一个会计脱纸的国家，会计岗位在家办公将成为常态。”2022 年，每刻举办的群智云财务高峰论坛上，参会者以“元宇宙”的方式在虚拟世界交流，就像未来财务的映射。

谈创业初心丨每刻是我对“实时会计”的探索，希望帮助企业实现实时结账

章丰：每刻的孵化，可以理解为一种内部创业的模式吗？

魏美钟：可以算是。2009 年，我在大华带队开发了一套内部报销平台，打通了银行卡和携程的数据。后来我了解到美国 Concur 公司以 SaaS 的形式提供差旅、费用和发票管理的解决方案，当时我就想把报销平台做成类似的 SaaS 产品，但一直没能实践。

2014 年，得到集团的认可，我带了一支团队开发产品。demo（试样）出来后，由于和大华的主业相差太远，我陷入了放弃还是继续的选择困境。当时团队成员劝我说：“魏总，大家做产品的热情都起来了，总要努力一下。”我也是比较理想主义的人，坚信财务数字化产品将为行业带来巨大价值。2015 年，我们拿到了天使投资，成立了公司，所以一开始算是“被动创业”。

章丰：你觉得自己的性格是创业者类型的吗？大家可能会觉得 CFO 出身的创业者比较稳健，决策更倾向于保守。

魏美钟：我喜欢不断追求完美的落地，从根本上解决问题，这可能也是一种创业者性格。比如在大华期间，我从头推动了库存和会计模块

ERP，一个月内上线，半年后两套系统合并，没有任何差错。

很多人认为财务工作是比较严谨的，不应该创新。恰恰相反，财务人员应该成为一群非常活跃的创新主体，思考创新，提高劳动生产率。

章丰：你是财务专业出身，IT能力是用什么方法获得的？

魏美钟：自学。我在学校读会计专业时，还用算盘手工算账，容易出错，查错的过程也很痛苦。当时计算机课教Basic语言，输入几行代码，一个图形就出来了。我就产生了两个想法：未来从记账凭证到出会计报表是否可由计算机代劳？会计结账周期是否可以从单月转为单日，甚至实时自动结账？

抱着“财务一定要用软件”的朴素想法，我一有空就自学计算机。1998年我到外资企业工作，有了工作电脑，我用Excel做了第一个全自动的预算报表，把原始数据输入进去，指标就调出来了。ERP兴起后，我经常去参加一些推广活动，也会收集关于ERP原理的书来读。

章丰：所以你是“在干中学”，到大华是把自己的所学应用到实践中去。

魏美钟：对。我职业生涯前十五年属于经验积累期，储备了专业理论。2004年进入大华后我正式接触了IT，在实践中展开落地，搭建了财务、IT、HR体系，实现了当初的第一个想法，把计算机软件应用于财务。每刻的诞生，则是我对第二个想法“实时会计”的探索，希望能帮助企业实现实时结账。

谈财税 SaaS 丨打破 ERP 系统的记账边界，数据流通、多跨协同

2015 年，由电子发票引发的财务数字化浪潮席卷而来。每刻看准企业财务管理第一大痛点“费控报销”，上线了第一款产品“每刻报销”，提供费用报销管理、差旅预订、全流程费控服务，提高人效。2020 年电子会计凭证进程加速，“每刻档案”顺势推出，实现企业电子票不打印、纸质票电子化。此后电子专票时代开启，“每刻云票”围绕解决发票电子化给财务带来的相关业务操作的困难点，帮助企业、财务端、业务端实现降本增效。

章丰：后 ERP 时代，每刻如何通过 SaaS 产品赋能企业财务管理?

魏美钟：ERP 通常被理解为企业资源计划系统，我认为它其实是一个记账系统。企业除了内部协同，还涉及外部生态的业务协同，比如与供应商、客户、银行、税务等。ERP 是局域网时代的产物，缺乏外部协同和数据交互。每刻要做的，就是打破 ERP 系统的记账边界，从数据采集、数据处理，到记账、纳税申报、报告分析，打通业财税数据生态链。经过几年的打磨和沉淀，每刻也在 2021 年推出了全新的解决方案，即“ERP+ 每刻 = 数字财务”。

以报销场景为例，因公消费包含吃住行等多方面，有来自不同渠道的电子发票或纸质发票，企业要收集各类流水数据，到税务系统鉴定发票真假，审核完成后打款给员工。看似简单的报销流程，涉及大量数据和系统的对接。

在费用管理 SaaS 模块，每刻对外打通了差旅平台、信用支付、发票平台等，同步采集消费和发票数据，打通了税务总局发票底账库，进行票据的智能识别和验真查重；对内打通了企业 ERP、OA、资金平台等应用系统，实现自动记账、批量支付、预算控制等功能。

基于生态数据链的数据打通，是数字财务的基础。从报销这个企业财务管理的典型场景和痛点出发，每刻围绕财务场景，形成了档案、云票在内的产品体系，打通企业 ERP 外部各方面数据，做到数据实时采集、过滤、记账，让会计这个企业的“史官”记录企业更真实的历史。

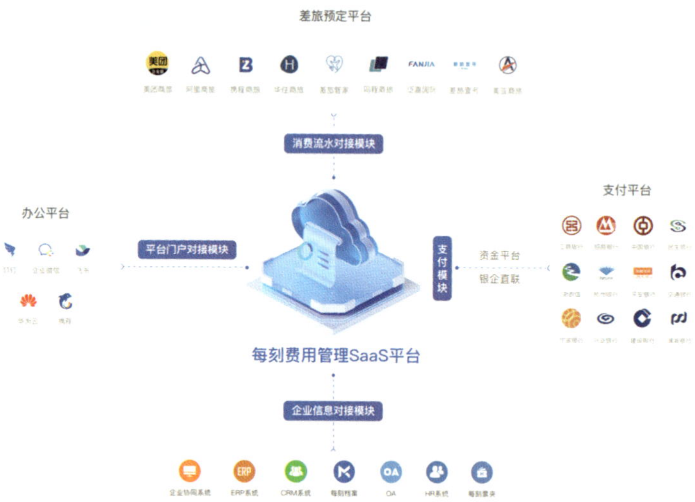

每刻费用管理生态平台

章丰：财税领域对政策高度敏感。近两年数字化改革的浪潮，也是一股推动财务数字化和智能化的环境动力？

魏美钟：先说说我对数字化改革的理解。“改革”意味着从顶层设计开始，打破原有机制，搭建全新体系，比数字化“转型”更进了一步，体现了国家全面数字化的决心。未来，简单重复的脑力劳动将被技术取代，社会运转效率空前提高，更大程度地解放人力。很多行业会有翻天覆地的变化，尤其是财税领域，基础岗位能释放出 80% 的有效劳动力。

目前企业财务数字化的难点在于发票电子化。在财务核算的基础凭证中，发票占了很大比重，但企业在发票电子化方面仍然存在思维惯性，不过现在全面数字化的电子发票试点工作正在推进，三年内可以实现税务数字化，届时企业财务数字化也将水到渠成。

我们业财税数据一体化的创新变革，正是数字化改革这个“大场景”中的“小切口”。通过这个“小切口”，实现企业的“多跨协同”，即与企业的合作伙伴、上下游企业、银行、税务等实现业务、数据上的协同，打通整体数据链。

谈新一代云共享丨未来更考验企业的战略决策能力和对趋势的判断能力

章丰：怎么理解每刻推崇的“云共享”概念？

魏美钟：每刻是首家推出 SaaS 云架构的财务云共享平台。传统定制化共享平台打通生态数据链的成本高，交付后升级要二次定制，硬件维护成本高。云服务提供的是一个平民化的共享平台，以更弹性的配置、更灵活的计费方式，满足客户个性化的需求。

云架构的方式可以按存储量、单据量、用户量或者使用频率等方式收费，也可以租用，让中小企业能用较少的投入与大企业在系统平台选择上“平起平坐”。就好像本来要购买“奔驰”才能使用，现在“奔驰”可以租了，不同消费群体都可以负担得起。所以，数字化、云化、产品化的新一代共享将逐步取代本地化、定制化的传统共享。

章丰：这也是云时代SaaS产品的魅力。跳出产品形态来看，云共享还会给未来财务带来哪些影响？

魏美钟：当前，国内传统的财务共享还处在纸质数据到电子数据的转换阶段。我认为新一代云共享分为两个层级。

一是场景化共享。即与财务日常工作有关的共享，比如费用共享、应付共享、应收共享、档案共享、税务共享等，数据可共享，且实时更新。

二是大数据共享。当企业数字化程度足够高，就可以把所有业务、财务、人力资源等数据归集到数仓，通过BI（商业智能）的方式展现。不局限于财务，企业里需要数据辅助决策的岗位，都可以定制BI分析报告。

传统的财务共享都还处在场景化共享的阶段，并且只做到了一部分。当实现云共享的第二层级时，企业将面临更大的挑战，这不只考验企业的基础业务、管理能力，更考验战略决策能力、对趋势的判断能力。

章丰：所以云共享是每刻以更长远的视角倡导的一种企业服务的

方向？

魏美钟：对。财务全面数字化、无纸化，可以支撑企业建设虚拟云共享中心，共享不再局限于一个物理上的办公点，财务人员不用再实地集中办公。甚至共享中心可以以元宇宙的形式展现，财务人员可以随时看见同事，在家办公就像在公司办公。

每刻群智云财务高峰论坛元宇宙专场

居家办公一方面节约通勤时间，提高工作效率，同时减轻了交通拥堵，使得城市管理负担降低，也更环保；另一方面解决社会性问题，教育孩子、照顾老人等难题迎刃而解，社会也将更和谐。

谈群智丨面对的客户越多，吸收的智慧就越多，从而驱动产品成长

每刻科技已服务上市公司超350家，企业客户4000+，覆盖20多个行业。在产品的功能服务实现通用一体化之后，每刻的锚定点来到了生态，提出了“群智 · 共生”的理念——群智，核心是汇聚财务领域的群体智慧；共生，是与生态伙伴各取所长，深度融合。

章丰：“群智”二字凝练了每刻在财务领域探索的思考？

魏美钟：其实“群智”并不是每刻独创的，这个世界本来就是群智的世界。每刻基于SaaS化平台，将众多成功企业的管理思想、理念和经验，高度抽象成标准方案和模型，平台共享，群智共创。

章丰：与客户共建共创，一定意义上是SaaS产品成功的核心方法论。

魏美钟：当然“群智”不光是人的群体智慧，还可以结合数字时代技术的智能。人工智能1.0就像专家一样，什么样的发票拿过来都能识别，但是每个企业的合同模板不一样，中心化的人工智能很难通用。在2.0的时代，解决方案模型是去中心化的。通过我们的技术输出，让每个企业根据自己的业务需求、单据特点以及合同模板的特点，自己进行训练。

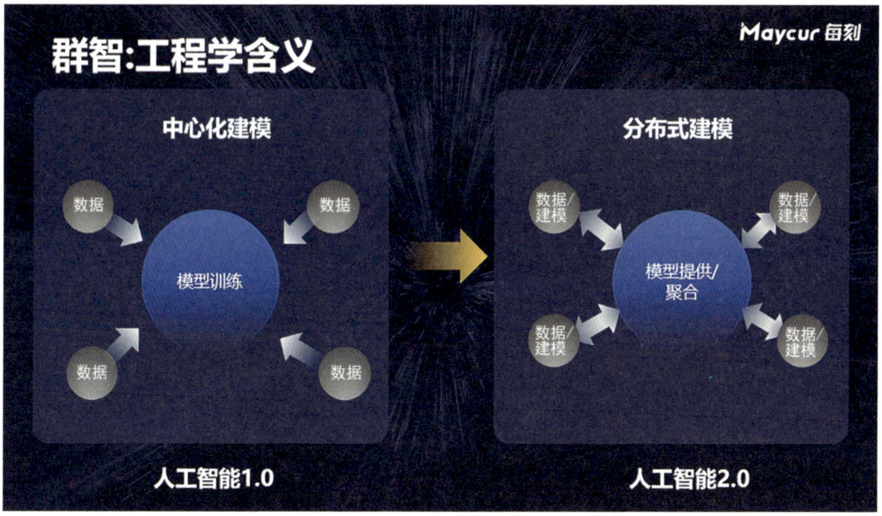

从人工智能 1.0 进阶到人工智能 2.0

这就好比盖房子，整个园区的规划和基础装修是我们提供的，内部装修则需要不同行业的不同客户参与完成。我们面对 B 端客户的种种个性化需求，发掘其中合理的，抽象成可配置的、有弹性的产品功能。客户越多，吸收的智慧就越多，最终驱动产品成长，这就是“群智”。

章丰：分辨客户的合理需求并抽象成通用功能，很考验团队业务和 IT 结合的能力。财务是个专业化程度很高的行业，每刻怎么处理这个问题？

魏美钟：我们是一个有深厚的财务和 IT 实践背景的公司，我们的产品是从财务实践的视角来设计的。在产品设计层面，我们将产品分模块开发，由我这样的业务人士引导产品和技术团队了解对应模块的功能。比如云报销模块，我只需明确报销逻辑和框架，产品团队出产品方案，技术团队将其转化成代码功能，把第一版打磨到内部满意的程度后，先找典型客户沟通试用，反复论证，不断迭代方案。

章丰：每刻目前的标杆客户以大企业为主？

魏美钟：我们的客户主要是中大型企业，他们往往需要更专业的服务，因此会更加关注供应商提供服务的能力和专业度。有专业度就有了分工。中小企业市场有一体化的需求，但是在中大型客户的市场反复论证，才是真正的可取之道。

谈现代会计转型｜颠覆式创新，必然会经历不被理解、相信，到被看好、追捧的过程

章丰：每刻的文化墙上有很多关于会计行业历史的展陈，中国会计历史悠久，但在现代会计制度中式微。你期待为现代会计贡献哪些中国智慧？

魏美钟：中国可以在三个方面有所贡献：实时会计、国际化会计、管理会计。

实时会计，就是做到实时同步数据、按天结账，让会计和财务报告跟上企业业务发展的步伐。传统会计的记忆时延是非常长的，在企业数智化转型下，实时会计是企业智能化升级的重要环节。

如何理解国际化会计？就微观经济的交流而言，会计是最好的国际语言。未来随着中国的不断发展，对国际准则的影响必将越来越深远，中国

的会计行业必然需要国际化。具体来说，一方面，中国把新经济模式下探索的理论创新运用到会计国际准则中去；另一方面，中国在会计创新上的领先也会引来国际准则向我们趋同。举个例子：企业全球化面临的跨准则翻译问题。不同国家的财务准则有差异，集团公司会计报表合并非常麻烦，但通过数字化的企业财务手段，不管哪个国家的账，都可以自动生成统一报表。

管理会计是通过分析大量数据来指导企业业务，不仅需要财务会计的数据，还需要业务数据。财务数据共享使数据分析标准化、实时化，实现对企业更及时、高效、精准的决策分析和风险预警。当财税 SaaS 实现业财税一体化后，管理会计就水到渠成了。

章丰：管理会计是以会计视角去描述企业智慧化决策的版图，这也是每刻正在帮企业提升的部分？

魏美钟：我希望每刻成为一个提供资源共享的财税 SaaS 平台，帮企业实现全方位数据共享和业财税协同，在财务软件上真正实现自主可控、赶超欧美。每刻也将助力企业开启新一代财税数据的云共享模式，最终实现实时会计；在现代会计转型和创新过程中，贡献中国智慧，引领会计行业变革。

快问快答

达成目标后，你如何犒劳自己？

陪伴家人。

挑选合作伙伴，你最看重的品质是什么？

讲规则、有商道。

你会给创业者一个什么样的“锦囊”？

慎重。创业是九死一生的煎熬过程，消耗智力、体力、耐力，需要领导力，找到志同道合者很难。

你最想改变世界的一件事是什么？

实时会计，让财务人员不加班。

如何定义“数字新浙商”？

一类是拥抱数字化的人，将数字化充分应用到企业管理中；另一类是挑战数字化的人，用数字化变革和颠覆行业。

壹悟科技朱礼君：

物流不息，进化不止

朱礼君

壹悟科技创始人兼首席执行官

壹悟是新时代智能物流引擎的提供方，以柔性物流自动化解决方案赋予客户进化的能力。

美国马里兰大学理论物理博士毕业，曾就职于高盛、Facebook、亚马逊等公司。2014 年回国后加入阿里巴巴集团，在物流技术研发领域担任重要角色。基于深厚的学术背景和实战经验，朱礼君于 2019 年创办了壹悟科技有限公司，专注于物流自动化技术研发和柔性物流解决方案设计。

从古时的“兵马未动，粮草先行”到当下的“快递爆仓问题”，一端连接生产，一端连接消费，物流一直是社会的焦点。随着电商业态快速发展，新技术不断注入，传统的物流业正焕发出迷人的智能生机。

“传统供应链缺乏柔性和应变能力，难以适应消费端的需求，需要后端体系的整体变革。”自马里兰大学理论物理学博士毕业后，埋头科研的朱礼君投身实践，先后在高盛、Facebook、亚马逊、阿里巴巴就职。以探索宇宙真相的目光洞察行业趋势，他看到了智能物流的蓝海。

智能物流行业的“玩家”多以物流机器人为切入点，形态各异的机器人出现在仓库和工厂，环境日新月异，规模不断发展，客户手握设备却无法从容应对持续变化的业务。基于多年的经验积累，朱礼君敏锐地发现，底层设备和客户需求之间，缺少强适应性的解决方案。

2019年，杭州壹悟科技有限公司（下文简称“壹悟”）成立。“壹悟”取自英文“co-evolution”，意为“共同进化”。朱礼君希望从软件和系统角度切入，用更贴近业务、能灵活应对变化的柔性物流自动化解决方案，赋予客户“进化”的能力。这家在疫情中成长起来的企业并没有被困境所阻，步伐从国内延伸至海外。

物流不息，进化不止，壹悟所打造的新时代智能物流引擎，正向未来世界发出隆隆轰鸣。

谈创业思考丨成功的企业总是伴随着危机发展，“杀不死你的让你更强大”

章丰：理论物理学博士毕业后，你为什么没有选择科研相关的工作?

朱礼君：之前我做得更多的是学术研究，毕业后我希望投身实业。用科技提高实业的效率，这是一件很有价值的事。

章丰：你在国内外的互联网巨头公司都就职过，为什么选择智能物流作为创业的赛道?

朱礼君：我见证了互联网兴起的全过程，前沿技术在其中发挥了巨大价值。但是，对社会影响广泛的传统实业，比如物流业和制造业，在科技运用上还有很长的路要走。消费端的升级必将带动制造、供应链和物流业的升级，传统行业需要引入新想法、新技术、新产品，开启新变革。

国内互联网发展迅速，对制造业、物流业、供应链的冲击相当大，终端消费需求趋向个性化。传统的供应链缺乏柔性和应变能力，难以适应消费端的需求。所以我当时判断，智能物流是一片“蓝海”，相当于2000年初的互联网，没有成形的体系，也没有明确的路径，但一定会迎来爆发式增长。

科技应用到传统行业，不是纯技术问题，需要在传统行业摸爬滚打的经验，也需要让尖端技术落地的能力。我们团队兼具行业洞察和技术能力；

壹悟的定位是一家为传统制造业、物流业赋能的科技公司。

章丰：你为什么选择 2019 年出来创业？

朱礼君：2019 年市场上涌现了很多优秀的机器人本体公司，智能物流行业的“底座”基本成熟。市场需求也有明显转变，客户更关注业务整体的优化，开始从全链路和复杂性的角度考虑问题。

怎么把优秀的机器人本体和客户的优化需求拧到一起？当时市场上缺少中间定位的“玩家”整合两者，实现“底座”和需求的闭环。未来的物流应该是柔性的物流，适应变化是最重要的能力。“壹悟”取自英文“co-evolution”，共同进化之意。我们从软件和系统的角度切入行业，通过柔性物流解决方案，帮助客户实现快速迭代，赋予客户“进化”的能力，从而创造更大的价值。

章丰：但没想到壹悟会伴随着疫情成长。这三年，你应该有很多感触。

朱礼君：很多伟大的公司也是从成立之初就面对冲击的，比如亚马逊、阿里巴巴。“杀不死你的会让你更强大”，我们不抱怨疫情，危机会让我们更强大。

谈路线选择 | 软件是核心技术，壹悟输出的是柔性物流自动化解决方案

近年来智能物流飞速发展，各种移动机器人产品如雨后春笋般涌现，以不同的导航定位方式、不同的操作逻辑完成分拣、搬运工作。朱礼君察觉：

“各个供应商都有自己的拳头产品，但是它们之间的沟通及协调远远不够。”壹悟从柔性物流自动化整体解决方案的角度提供了答案，向下对接各家设备，向上融合各种场景。

章丰：智能物流的不少同行是做硬件出身的，提供软硬搭配的解决方案。如何理解壹悟所选择的路线，是更注重软件吗？

朱礼君：在传统自动化领域，一家工厂会采购多家供应商的设备，通过集成软件整合使用。行业成熟的标志是分工更细，各细分赛道的企业共同打造全链路协同解决方案。所以智能物流的未来将是多种设备协同，市场分工更清晰。

壹悟在其中的定位，就是专注做系统和解决方案的公司，软件是我们的核心技术，最终壹悟输出给客户的是柔性物流自动化解决方案。

章丰：中国软件服务行业缺少这种环境，企业倾向于自己包揽全部环节。

朱礼君：中国 to B 行业起步比国外晚，要经历一个发展的过程。就像 20 年前的自动化，你不可能只买一套输送线就搞定全部业务，行业细分和产业链协同是必然趋势。在需求端，客户还处于试水状态，会慢慢意识到仅靠单家设备和解决方案很难支撑业务发展，最终还是要通过软件整体调度来提高效率，所以需要一个软件解决方案提供商。

章丰：以软件为核心提供解决方案，相比软硬搭配的交付方案，在商业模式上会不会“吃亏”？

朱礼君：商业模式上不存在“吃亏”问题，我们和机器人公司是互相合作的关系，我们做项目时会集成硬件设备，友商做项目时也可能用壹悟的软件。一家什么都做的企业，可能会快速占领市场份额，但不会“吃下整个蛋糕”。就像苹果和安卓，苹果未必占绝对优势，当市场足够大时，需要像安卓这样开放的系统，两者共存。

谈核心壁垒丨任何解决方案一定要有门槛，苦活、累活才是真门槛

章丰：壹悟的柔性解决方案在技术层面有哪些创新？

朱礼君：壹悟的技术创新首先在于开放式平台。我们提供平台化的机器人调度系统，对接不同品牌、型号、功能的物流机器设备，同场混合调度作业。我们在设计系统之初，就考虑到了兼容性和开放性，让软件系统适配硬件，不要求设备厂家做任何改造，打破了种类和品牌的边界。平台化的机器人调度系统通过接口标准层，对接调度不同设备，物尽其用，让客户有更多选择空间和个性定制的权利。

壹悟科技产品系统架构

不同设备协作和高效完成任务的背后，是壹悟的另一项核心技术——多体调度引擎。交通为什么难管？就是因为多体调度难。单体调度只需要设备关心自己就行，多体调度需要互相知道对方在哪里、各自要去哪里、如何协作才不会出问题。随着机器人数量增多，算法复杂度会呈指数级增长。在多体调度引擎的支撑下，壹悟的系统目前能达到平稳支撑 1000 台设备同场调度的集群规模。

章丰：开放意味着要“搞定”林林总总的设备商，刚起步时压力会更大吧？

朱礼君：的确，搭建开放式平台是苦活、累活。当我们“吃透”了各种问题并实现产品化后，壁垒就形成了。苦活、累活才是真门槛，它不是你找几个“牛人”就能快速实现的。

同时，基于开放式平台、多体调度引擎，壹悟为行业提供了一套面向具体业务问题的工具，降低落地门槛。比如搭建一个业务场景，需要两三种机器人，分别多少台，客户只需要简单配置、编排流程，就能运行起来。客户不需要关心机器人怎么运行、怎么实现任务，这些都由算法驱动；至于设备对接和多体调度，壹悟已经都搞定了。

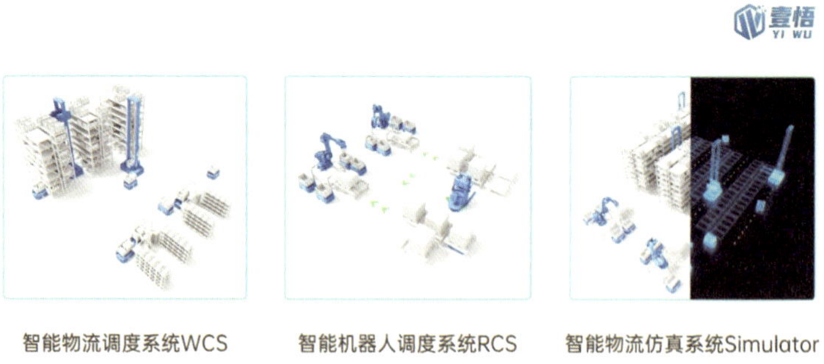

壹悟科技核心产品

章丰：智能物流仿真系统可以看作比真实业务环境更“聪明”的系统吗?

朱礼君：智能物流仿真系统有助于迭代调度系统的算法，从而帮助客户快速地论证方案，支持和辅助决策。互联网行业可以便捷地测试各种不同的方案或算法，但制造、物流、供应链等行业缺少类似的工具，客户不知道解决方案会面临哪些问题，所以在投入时会有诸多疑虑。

所以我们提供真实运行环境的应用型仿真，用真实的调度系统模拟还原业务现实情况，支持流程优化，指导客户实践。客户在系统中输入数据后就能发现方案可能会面临的问题，事先解决瓶颈。

谈落地应用丨到真实的业务场景中去，攻克异常、打磨算法、提升本领

在宽敞的工厂中，多台移动机器人灵活地穿梭在产线和仓库间，与机械臂等设备默契配合，完成半成品搬运、成品入库出库等操作。不同类型、不同导航方式的机器人都响应壹悟调度系统的指令，能够精准地相互避让，根据业务安排完成各自的任务，大幅度提升了工厂整体的作业效率。

壹悟科技某电商仓储系统应用案例

章丰：制造业和仓储物流业都是大行业，壹悟未来是专注于形成垂直行业的解决方案优势，还是打造普适性的产品？

朱礼君：针对不同行业，底层的调度系统是同一套；在仓储物流和制造业，上层业务系统则是两套，因为逻辑和复杂度不同。在仓储物流领域，我们按照垂直细分行业提供标准化解决方案，比如服饰、快消品、电子 3C 产品等，同一领域内差别较小。

制造业高度细分，很难形成一整套标准化解决方案。我们会在产品的可配置能力方面下功夫，让工厂客户通过壹悟的业务调度系统，以低代码的方式编排设计，实现大部分流程的自动化。

章丰：低代码对交付落地要求更高，因为机器、产线容错率低。在指导客户完成部署方面，壹悟有什么经验？

朱礼君：目前客户难以完成独立部署，我们会派团队人员或合作伙伴实地指导客户实施。低代码配置并不意味着客户独立部署，它的商业价值在于缩短项目落地的时间。客户因此能够更快地运行项目、调试优化流程，项目实施时间缩短近半。

章丰：落地到具体的业务场景中，壹悟会遇到哪些意料之外的难点？

朱礼君：各种各样的异常。虽然软件是壹悟解决方案的内核，但系统最终驱动的是真实的机器，所以会出现各类异常情况，常见的如没电、碰到障碍物、电机损坏等。此外还有很多异常与设备无关，由现场环境导致，比如灰尘、静电等，还有因为实施疏漏日积月累导致的。

每进入一个新行业，我们都可能遇到新的异常，这些问题无法在开发环节被预设，更考验团队应对突发情况的能力。只有到真实的业务场景中去，攻克异常、打磨算法，才能提升平台化的本领。

谈行业发展丨柔性自动化机器人的应用仍处于早期阶段

章丰：据你观察，制造业中有哪些细分领域已有成熟的柔性自动化机器人应用环境？

朱礼君：无论是制造业还是仓储物流业，柔性自动化机器人的应用仍处于早期阶段。柔性自动化机器人行业发展不到十年，试错和迭代周期长，国内外大部分行业的应用都不是很成熟，覆盖率可能不到20%。

章丰：应用覆盖率涉及两个因素——行业从业者的认知和需求，柔性自动化解决方案的性价比。在当前受疫情影响的环境下，人们对自动化技术的需求增加，但对成本和投入也会更加敏感。

朱礼君：同意，这也是壹悟专注于解决方案的原因。2019年机器人本体已经比较成熟，但市场没有形成大规模应用，因为缺少优秀的解决方案来应对复杂的业务变化。客户可能想在仓库租用三年自动化设备，实际上第二年业务就转变了。

壹悟坚持的核心价值是，通过软件的可适配性，让客户保持进化，降低应用柔性自动化机器人的心理门槛，让应用大规模铺开。假设客户的业务明天就变了，只要增减机器人，通过系统修改流程设置，就能继续运行自动化的整体方案。

章丰：在壹悟“共同进化”的理念中，“共同”包含了哪些角色？

朱礼君：包括解决方案的终端客户、集成厂商、合作伙伴等，他们都可以使用壹悟的软件，都是壹悟的客户。我们是新时代智能物流引擎的提供方，引擎优化的动力来源于客户变化的业务需求，优化后的引擎又能帮助客户应对变化的环境，壹悟将与客户共同进化。

章丰：未来几年，哪些技术变量会给柔性自动化领域带来较大变化？

朱礼君：机器人本身会更智能，拥有更高级别的感知能力，实现更多复杂的操作。多体调度还有很大的发展空间，未来自动化是不可逆的趋势，随着机器人普及程度的提升，多体调度的应用场景将更广泛。

章丰：壹悟的解决方案现在已经“走出去”了吗？

朱礼君：是的。壹悟和韩国乐天国际物流达成战略合作，为其提供柔性、智能的物流解决方案。韩国乐天整箱和拆零全流程自动化项目已平稳运行两年，实现了仓储空间不同功能区域破壁互联，大幅提升了仓储作业效率。

我们还帮助韩国韵达成功部署了智能仓储自动化解决方案。针对库存分布乱、大小件兼容拣选难、订单变化大等问题，我们采用了三种不同的 AGV（自动导引车）车型柔性交织，帮助韩国韵达仓整体库容提升了 200%，人力成本节省 40%，并留出业务调整变化的余量。

物流是高度本地化的行业，无法外包；国外有物流自动化改造的强需求。我们观察到，国外的机器人大部分是从中国采购的，因为国产设备价廉物美。中国拥有世界领先的物流网络和制造业规模，强大的需求促使中国的柔性自动化物流行业发展走在前沿。因此，国外客户特别需要壹悟这样来自中国的解决方案提供商，这也是中国企业的优势。

快问快答

达成目标后，你如何犒劳自己?

带孩子玩一天。

挑选合作伙伴，你最看重的品质是什么?

价值认同。

你会给创业者一个什么样的“锦囊”?

那些杀不死你的，终将使你更强大。

你最想改变世界的一件事是什么?

解决能源问题。

如何定义“数字新浙商”?

更具想象力，拥抱新技术、新事物。

凌迪科技 Style3D 刘郴：

时尚元宇宙会更快到来

刘郴

凌迪科技 Style3D 创始人兼首席执行官

关键技术结合产业链优势，中国有机会做出全球最好的工业软件，掌握全球时尚话语权。

拥有比利时布鲁塞尔自由大学计算机和分子生物学专业双硕士学位，投身服装行业超二十年，是国内服装数字化设计制造的领军人物、中国服装论坛主席团主席委员。2022 年作为行业专家参与制定全国首批数字时尚领域国家标准，担任主要编委成员。

Style3D 成立于 2015 年，以自主柔性仿真引擎为底层技术，通过产业级工业软件和 3D 设计一体化协同平台，打造数字时尚基础设施。目前，从面料测量、仿真设计、推款审款、在线改版到视效展示，Style3D 为时尚行业的不同企业提供了完整的数字化解决方案。

荷叶边肩线设计、夸张蝶形泡泡袖、立体 3D 波浪袖工艺，搭配黑色暗纹印花、金属与透纱材质，一款款时装造型灵动，或化成蛟人之甲，或幻作人鱼之鳞。随之，场景自由切换，天空云谷、浩瀚银河、古典城堡……仿生形态下崭新的虚拟时装剪影，形态万千。

这番景象并不出自科幻电影，而是 2022 上海时装周 XINTIANDI 数字时尚构建的虚拟时装盛宴。逼真的视觉效果背后，是刘郴带领凌迪 Style3D 钻研数字仿真技术，用科技解构时尚的坚持。

投身服装行业，见证熙熙攘攘二十年，刘郴与时尚的缘分从大学开始。纺织专业毕业的他，带着对多学科知识的渴望，进入比利时布鲁塞尔自由大学（VUB）深造，攻读计算机和分子生物学专业。在欧洲留学期间，他做起了服装外贸生意。

“受留学生活影响，我热爱艺术，渴望接近和引领时尚。”刘郴笑谈当年办公室的装修，“大门是木头的，把手是我淘来的轮船船舵，细节的设计都暗藏巧思。”如今，走进凌迪科技的办公室，白墙木桌，几株绿植，和多数科技公司无异。会议室克莱因蓝的配色，办公区陈列的样衣和面料，低调地彰显着时尚基因。

凌迪科技 Style3D（下文简称“凌迪”）成立于 2015 年，是一家以“AI+3D”

技术为核心驱动力的科技企业，专注于提供数字资产创作、展示、协同的工具和解决方案，推动全球时尚行业的数字化转型和创新发展。

“物理世界和数字世界将深度融合，凌迪未来要成为以数字时尚为代表的物理世界数字化的基础设施。”穿越传统而古老的服装行业，以刘郴为代表的创变者奋力推倒产业数字化的多米诺骨牌——变革，才刚刚开始。

谈创业路径 | 顺势而为，“势”就是判断你在周期中的位置

章丰：你的专业背景非常多元，多学科的求学路径是因为你对创业早有规划吗？

刘郴：其实没有刻意规划，更多的是知识驱动。我家里世代从医，读丝绸纺织专业也是阴差阳错。本科毕业后，我怀着对物理化学家普里戈金（Prigogine）的崇拜，前往他的母校深造，学习计算机和分子生物学。

分子生物看似学科跨度很大，其实和服装是相通的——纺织纤维是大分子。从分子层开始，事物有了生命体和非生命体的区分。我对这个世界底层的认知非常渴望，从组织到个体，再到分子层甚至量子层，都希望一探究竟。

章丰：你的创业经历是从留学时期开始的？

刘郴：当年我带着拼拼凑凑的 10000 美元去留学，交完学费、租完房、买完车，口袋里只剩两个月的生活费，只好去餐馆打工，所以现在盘子端得特别稳（笑）。后来自己开工厂、做设计，在巴黎、阿姆斯特丹、巴塞

罗那都有了设计工作室。2008 年，受国内创业大潮感染，我回国创立了服装品牌。

章丰：第一段创业还是在传统服装的领域。2015 年，是什么契机让你发现了数字化的机会？

刘郴：我们常说顺势而为，什么是“势”？在我看来，“势”就是判断周期，尽快让自己进入到上升周期中。2015 年是中国移动互联网发展的巅峰，数字化成为当时极其明确的趋势。反观服装行业，相比二十年前并没有本质上的突破，反而产业链阻滞越发明显，利润走低。数字化一定会渗透到服装行业，至于以什么方式，从哪一点切入，这是我当时重点思考的。我试图去找这样的标杆，但市面上没有成熟的选择，最后我决定自己干。

章丰：很多行业的数字化力量是来自外部的，需要找优秀的数字化伙伴完成转型，而你们是从行业内部去啄破“外壳”。

刘郴：这个活儿确实难，既要有服装行业的知识积累，又要能结合技术成果。我们深入其中后发现，要把技术与产业的底层逻辑、方法论、客户的需求相匹配，门槛非常高。我们在创新、运营方面不敢说有优势，但在行业经验和技术能力的结合上，有可能实现突破。国内服装行业有着万亿元级的产业基础，又是典型的分散型市场，这条难而正确的路，总得有人去蹚。

章丰：商业化之前，凌迪的核心产品历经四年的研发和测试，这个过程很难熬吧？

刘郴：这是一家产品公司必经的过程，我在凌迪成立之初，就做了规划和长期准备。2015—2016 年底，团队自投研发经费探索产品；2017 年，我们从上海搬到杭州，前三年是战略尝试期，在技术上谨慎投入，在产品创新上试错；到 2020 年是战略成型期，要打磨产品，思考爆点，实现营收。再往后，根据不同的发展阶段，产品要做减法、提效率。

到 2023 年，我们也推出了自己的 AI 产业模型。服装产业链长而复杂，作为技术向产业，不能简单地以 AI 代之生成。真正符合产业发展的 AI 内容必须包含结构化数据、各环节需求并直连生产及营销。这就是 Style3D 的优势，我们沉淀了海量的服装结构性数据，具备深挖产业需求的能力。以 AI+3D，助力真实的服装及时尚行业加速创造力和生产力变革。

Style3D AI+3D 制作的快时尚电商上新图

遵循基本逻辑和战略布局，一步步踩着规划，心里就有底了。所以我建议，投身行业数字化的企业，要在创业初期形成长期规划；有方法论的支撑，才能避免困在时间里熬。

谈核心技术 | 3D 仿真引擎打造高仿真、可编辑、可生产的数字服装

章丰：服装产业链条长、角色多，如何找准数字化的切入点？

刘郴：服装产业链的重点是设计研发、原材料制备、加工制造三个阶段。设计研发环节，是服装产业链的关键，是产业链信息获取最核心的位置，也是数据、内容集散的地方。向下游去，影响消费者买什么；向上游去，影响制造商生产什么。

所以我们决定，从设计研发这一制约服装行业效率的环节切入。如何实现数字化？用物理仿真的手段去做数字孪生。凌迪研发了 Style3D 仿真引擎，针对服装进行部件化拆分，建立 3D 模型，可以在线协同服装研发的全流程，如面辅料选择、款式设计、渲染仿真等。

比如一件运动衣，从面料的物理属性、种类，到设计建模，再到仿真渲染，最后形成一件高仿真、可编辑、可生产的数字样衣，平均 3 天内就可以定款。传统的服装设计，以 2D 平面设计为主，从图纸设计、打版到选料、制作样衣，至少需要 3—4 周。

章丰：在数字服装的技术突破上，凌迪已经占据哪些优势？

刘郴：我们已在 CAD（计算机辅助设计）建模、仿真渲染和动态模拟方面形成壁垒。简单来说，款式、尺寸、服装穿着后与身体之间的空隙大小，以及面料的组织结构、软硬度、悬垂感，还有虚拟模特穿着后走秀时的动态效果，等等，都可以“所见即所得”。

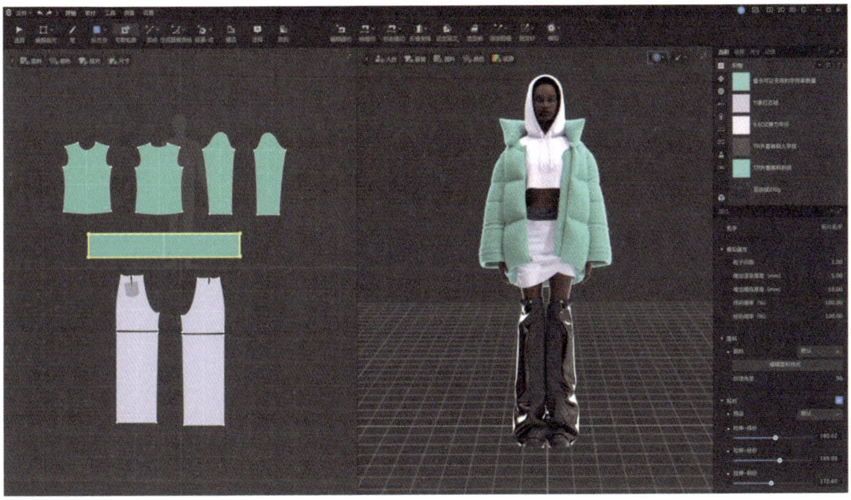

Style3D Studio 仿真设计软件界面

章丰：虽然你有少见的复合型知识结构，但其中非常“硬核”的技术部分，你是怎么搞定的？

刘郴：首先要站在学术前沿，确定技术的可行性。我查阅了大量图形学相关的资料、论文，了解近几年学术界可实现的技术基础。同时，找最顶尖的专家合作，凌迪团队吸纳了世界级图形学专家、海归博士和浙江大学 CAD&CG 国家重点实验室的博士。其次，匹配底层技术和行业场景、业务属性，保证落地性。从学术界到工程界有巨大的鸿沟，国内至今没有相关的商业化案例，我们也是在实践中试错。我相信中国会涌现出一批“科企家”，兼具科学家的创新能力和企业家的精神，带领团队完成从前沿技术到工程落地的跨越。

谈产业布局丨工具产生内容，内容驱动制造，带动服装供应链数字化转型

基于仿真引擎的底座及 AI 技术，凌迪形成了 AI 产业模型、3D 柔性体仿真工业软件 Style3D Studio、面料数字化设计软件 Style3D Fabric、研发全流程协同平台 Style3D Cloud，以及数字时尚内容资源库 Style3D Market——通过产品组合，可服务品牌商、ODM（原始设计制造）商、面辅料商、泛电商，提升多方效率。

章丰：面对服装产业链上的各种角色，凌迪如何用标准化服务覆盖他们？

刘郴：服装行业依靠大量新款驱动消费，整个产业里，最核心的内容就是款式。无论是设计师、品牌、工厂，都有对于款式设计研发、展示推广的需求，这是共通的逻辑。所以我们专注于数字款式的制造和分发，

就像“头条系”做的是内容的制造和分发。第一步，基于 3D 仿真引擎，Style3D 实现了款式内容的数字化；第二步，将数字样衣投入使用、流转，供不同的角色使用，比如面料厂如何拿来推销，设计工作室如何低成本地推广，市场如何订货，消费者如何穿着展示，也可将其开放给数字人、虚拟偶像、游戏、影视特效等各行业使用。

Style3D 未来要打造成行业通用的数字化建模设计软件，成为以数字人和数字服装为代表的物理世界数字化的基础工具和素材库。

Style3D Market 部分数字资源

章丰：从内容数字化出发，逐步渗透服装产业全链条，再衍生到整个生态。这是你们的思路？

刘郴：是的，工具产生内容，内容驱动制造，从而带动服装供应链数字化转型。背后的逻辑在于，通过 3D 数字孪生的方式，快速且直观地设计出产品的同时，设计研发数据、生产制造数据、商品展销数据……每个环节的数字资源都可以沉淀为企业可视化、可追溯、云加密的数字资产，实现随时调用和二次研发。数字资产提升产业效率的关键就在于此。

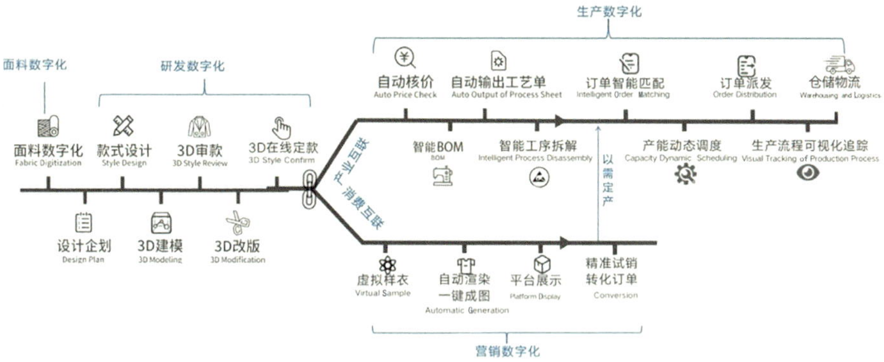

Style3D 全链路 3D 数字化

章丰：凌迪采用 SEM（SaaS 推动的交易平台）模式。交易平台模式怎么理解？现在推进到了哪个阶段？

刘郴：供应链侧，基于数字资产，可以搭建服装供应链资源交易平台，设计方案、面辅料、工厂产能乃至成品服装，都可以在平台上交易、流通。但是目前，我们还在 SaaS 阶段进行小链路验证，把渗透率做上去，才会形成数字资产的规模。SaaS 工具产品是 SEM 商业模式的基础和前提，有了工具，才会有供应链平台的素材库，产生大量内容。

章丰：在 SaaS 产品定价上，你们采用什么样的策略？

刘郴：坦白讲，我们当时也有点“拍脑袋”，因为国内的 SaaS 市场包括工业软件，都没有成行成市，缺少共识和参考。我们站在消费端思考，一家中等规模、千万元营收的企业，用十万元、二十万元的价格购买软件服务，在可接受范围内；再对比海外几家 3D 服装软件的定价，留有适当的定价优势，以换取市场空间。

所以在数字化早期阶段，只能依靠先导者对行业的教育、对市场认知的引导。目前最大的问题出在包括我们在内的软件供应商身上，我们还没有把软件的使用门槛做到足够低，把软件做到足够好用。随着技术的迭代，产品会越来越好用，认知一定会打开，软件的边际成本也会递减。

谈元宇宙丨时尚产业会从参与者变成内容的贡献者，企业要意识到数字资产的重要性

章丰：我注意到凌迪在虚拟服装、虚拟秀场等方面都有尝试。元宇宙的兴起，给服装行业带来了哪些变化？

刘郴：我一直坚信，物理世界和数字世界深度融合是大趋势。Metaverse（元宇宙）是目前相对符合这种趋势的一个说法。不必纠结于概念，重要的是它的底层逻辑。宽泛地理解，元宇宙其实是新一代技术的综合体，结合了互联网、区块链、仿真等技术，引领下一代信息技术的创造。

短期内，元宇宙和服装产业之间的鸿沟还很大，落地很难，但并不妨碍它的底层技术改变商业、社交等现实生活场景。我们看到奢侈品牌、互

联网大厂大举入局数字时尚，随着数字技术不断渗透，时尚元宇宙会更快到来。

章丰：有哪些结合点是你比较看好的？

刘郴：物理世界数字化和数字世界物理化会互相渗透，逐渐趋于接近。这样一个平行孪生的世界，更接近世界“互融”的本质。

物理世界数字化，即数字孪生。比如将服装数字化，创造大量数字孪生的内容，沉淀数据，用于流转。我们的服装仿真引擎将来也可以拓展到动漫、游戏、家居等更多行业。

数字世界物理化，即数字原生。比如数字时装秀，可以将服装的款式、面料质感、光影效果，结合到数字人身上，得到接近于真实环境的展示。在 Style3D 平台上，设计师借助仿真技术，将自己的设计创意触达给用户，也可以在现实世界中基于创意制作或批量生产产品。

章丰：服装企业如何把握元宇宙的机遇？

刘郴：数字时尚产业未来会成为数字世界一个重要的子集。在上一轮移动互联的革命中，时尚产业是参与者，互联网技术主要应用于电商销售。在下一轮万物互联或者元宇宙的革命中，时尚产业会从参与者变成内容的贡献者。

所以服装企业必须意识到数字资产的重要性。比如你的提花印花、纺织印染的技术，如何将这些积累多年的珍贵资产沉淀为数字资产，用新兴的方式创新展销，实现在线化和视效化。

社会基础环境设施在变化，消费者在变化，产业也要随之而变。未来两三年内，一家非数字原生的企业，或者对数字化不友好的企业，就会丧失竞争力。

谈行业格局丨我们的软件是从产业里生长出来的，中国有机会掌握全球时尚的话语权

章丰：从全球视野来看，国内服装行业的数字化进程有哪些差异？

刘郴：从技术角度看，全球站在同一起跑线上。欧美国家在品牌、消费市场上领先，但在数字技术上，国际品牌和我们没有代际差异，只有审美差异。甚至数字原生品牌更有可能出现在中国，因为我们是受新技术教育的，在技术和商业的结合能力上更有优势。

从产业链角度看，中国已经领先了半个身位。中国有良好的产业链基础，服装产能占全世界的 40%，实际产量占全世界的 30%~35%。相对于土耳其、孟加拉国、越南等制造业大国，我们在产业链端的数字化上很有优势。所以有可能诞生最牛的供应链软件的，不是美国、以色列等技术强国，就是中国这样的产业强国。

手握最好的技术，结合产业链优势，中国有机会做出全球最好的工业软件，掌握全球时尚的话语权。我们的软件是从产业里生长出来的，这是最重要的先天优势。

章丰：你曾在 2008 年的采访中提及，国内服装行业处于“战国时代”，

“群雄纷争”。十多年过去，站在时尚元宇宙的入口，你怎么看行业格局？

刘郴：眼下相当于“东汉末年”，各路“诸侯”还在自己的地盘招兵买马、分裂割据，但一定会迎来“会盟”的时刻。服装行业是一个传统行业，规模庞大，产业链长，没有一家公司能一手包办所有，众人拾柴才能实现全产业的数字化，前提是底层需要规范的行业数字内容的标准格式。

章丰：标准格式是指内容能互相匹配吗？

刘郴：服装生产领域已有通用的 OBJ 格式（3D 模型文件格式），但在数字化领域，连行业术语都没有统一，大家的理解也存在偏差。所以凌迪也参与到国家标准的制定中，规范数字化试衣 / 虚拟服装、虚拟人体等术语和定义。

章丰：在走向“诸侯会盟”的过程中，凌迪不仅提供数字化的工具，还在内容输出、生态建设上扮演着重要的角色吗？

刘郴：身处行业大变革的时代，我们的每一步都如履薄冰，但每一步都在为未来的爆发积蓄能量。我们期望成为服装产业链里推倒“数字化骨牌”的第一人，带动更多产业内的优秀企业，将多年的行业 know-how 和数字化进行结合。

技术的公平性在于，它是产业链上所有角色登台的“入场券”。谁能更好地让数字技术、工具赋能自身业务，谁就有机会站在舞台中央，被更多客群看见；谁能更快、更准确地去发现市场的增长机会，进行迭代，谁就能走得更远。

快问快答

达成目标后，你如何犒劳自己？

设立能激励自己的下一个目标。

挑选合作伙伴，你最看重的品质是什么？

人的本质和学习能力。

你会给创业者一个什么样的“锦囊”？

看好现金流。

你最想改变世界的一件事是什么？

还原物理世界的本质，让物理世界和数字世界深度融合，打破束缚人类的现有物理学的定律。

如何定义“数字新浙商”？

“商”的本质不变，是企业家精神和时代创新的结合。每一代浙商都在创新，只是创新的内容在与时俱进。

杰牌传动陈德木：

绘就未来工厂的一抹“星火红”

杰牌传动董事长

陈德木

我们用杰牌智能产品建设杰牌智能传动未来工厂，为客户建设未来工厂服务。

高级工程师、浙江省D类人才、厦门大学EMBA（高级工商管理硕士）、长江商学院CEO8期校友、浙江大学DBA（工商管理学博士）。任萧山区政协常委、萧山区工商联副会长、中国齿轮与电驱动协会副会长等。先后获得浙江省劳动模范、浙江省优秀企业家、2022年度数字新浙商、中国齿轮行业30周年“产业领军人物”、中国机械通用零部件工业协会（CMCA）30周年“突出贡献人物奖”等称号。

在我们迄今采访过的83位“数字新浙商”中，陈德木是最“经典”的一位。从萧山乡间“洗脚上岸”，历经传统制造业的筚路蓝缕，走到数字化的十字路口，在知天命之年，完成了惊险一跃。

1967年出生的陈德木和同时期多数浙商一样，有着朴实的履历：家境并不富裕，初中毕业后步入社会，干过建筑工、机修工。凭借对机械的热爱与勤学苦干，长成一名“土造”的专家。

1988年，陈德木辞职回家，有企业慕名前来找他维修设备和制作配件。他凑齐8000元购买了一批二手设备，杰牌传动（下文简称“杰牌”）的前身甘露减速机配件厂就此诞生。此后十几年间，陈德木时刻关注客户需求，通过帮国外知名企业代工，学习生产和管理经验，将业务从生产单一配件拓展到生产蜗杆减速机、齿轮减速机和塔式起重机三类主打产品。

2014年，陈德木二次创业。他卖掉塔式起重机业务，投入大量资金建设未来工厂。“新杰牌”拥抱数字力量，完成了从专业化制造到智能制造、从生产制造到制造服务的转型，锁定进口替代、国产升级、联合开发，并对外输出未来工厂智能传动方案。

齿轮是最常见的机械传动方式，齿轮减速机是工业系统中能量传递和动力传输装置的核心部件，被誉为机械工业的“芯片”。

“草根”崛起，走过“平凡之路”，陈德木完成了传统浙商向数字浙商的代际“传动”。在他的带领下，杰牌如同一个齿轮，牵引着传统制造与智能制造的新旧动能转换，齿轮啮合传动，驱动数字化转型这艘巨轮航向万物智联的明天。

谈二次创业丨有三条路摆在我面前，我选了最难的那条

章丰：杰牌从加工配套到品牌生产，已经做到了行业领跑者，这是典型的浙商创业路径，但是你选择带领杰牌向制造服务转型。为什么？

陈德木：萧山民营企业家之间经常有饭局交流，其中两次饭局对我触动很大。一次别人问我：“德木总，你有几个楼盘？”还有一次有人问：“德木总，你有几支基金？”我想我一个楼盘都没有，也没有一支基金。

当时有句话叫“制造业一分利，房地产十分利，搞投资百分利”。我的想法很简单，如果专注杰牌的减速机主业，做到全国前十没有悬念，世界前十都有可能；如果去做房地产，杭州前十都没可能。为什么要转换赛道？我决定静下心来，深度思考未来应该做什么。

中国齿轮行业，低端市场产能过剩，高端市场依赖进口，国内企业大大小小，群龙无首，无序竞争，行业已经临近洗牌重组的时间点。我判断，齿轮行业未来会出现三种角色：整合者、被整合者和退出者。

摆在我面前的有三条路：一是变现，我去享受生活；二是找个职业经理人，我去做自己喜欢的事；三就是归零重启，变革业务，重置标准，面

向未来转型。很多与我年龄相仿的企业家都去当董事会主席了，而我选择了最难的路，出任董事长兼总经理，全面启动二次创业。

章丰：当时是哪一年？

陈德木：我印象很深，2014 年 1 月 1 日，我明确了“新杰牌”的定位——成为齿轮行业的创新者、变革者和引领者。“新”即新的价值系统、新的组织架构、新的团队成员，杰牌要从生产制造型企业向智造服务型企业转型，成为智能传动方案提供商。

相应地，我制定了“五四三二一”计划：五年调研、四年规划、三年建设、二年联调、一年达产。2009 年到 2013 年间，我花了五年时间做全球调研，主要针对欧、美、日的友商和汽车制造行业及航空航天行业等，参观了奔驰、宝马、波音的智能生产线。但无论是同行还是跨界，我都找不到可以完全对标的企业。我当时就下决心，回去以后，要做一家面向未来的制造工厂。回来后我花了四年做规划，2018 年启动建设，2021 年工厂正式投产。经过两年联调，预计 2023 年达产。总共十五年，实现杰牌的转型目标。

章丰：在杰牌未来工厂正式实施前，你花了将近十年时间思考。为什么需要这么长的酝酿过程？

陈德木：直到 2018 年 1 月 1 日，项目才打下了第一根桩。其间项目推进缓慢，负责人换了五任，周围有各种争议声，员工也不理解，最孤独时，连家人都不相信。我意识到转型挑战巨大，还专门去清华大学读了积极心理学，做好创业的心理准备。如果二次创业不成功，得了抑郁症就麻烦了（笑）。

谈未来工厂建设｜一个方案、两个平台、三个功能、四个标准、五个智能

杰牌智能工厂

萧山区杰牌路 1 号，杰牌智能传动未来工厂的白色建筑群静静矗立，红色的“JIE”字 logo 十分醒目，陈德木介绍说这是杰牌的专属品牌色“星火红”。在运营指挥中心，从原材料到出库全流程的数据都实时显示在大屏上；车间内，少数工人正调试面板，机械臂和生产线自动运作，产品由智能中央立库配送至总装、涂装、包装线，等待打包出货……真正实现了“一台减速机的智能制造之旅和智能监测运维”。

章丰：转型智能制造是新杰牌最精彩也最具有行业引领作用的一步。未来工厂投产后，带来了哪些提升？

陈德木：杰牌未来工厂包括运营指挥中心、智能中央立库、箱体智能工厂、齿轮智能工厂、电机智能工厂、装配智能工厂六部分。全面投入使用后，预计可实现 30 亿元产值的目标，只需要 1000 个员工，就可以实现过去 5000 个员工的效能。

在生产制造方面，我们通过全流程生态系统、多系统数据中台、一体化产业平台，打通需求端、供给端和应用端数据，从原料进厂到成品出厂的全流程数据，不再需要人工采集，通过运营指挥中心可以指挥每一个物料，实现精准计划、精准物流、精准交付。整体交付周期从 30 天缩短到 7 天，最快可以实现 4 小时交付。

在智能监测运维方面，设备不再依赖现场巡检。通过智能检测系统，我们在能耗、健康、视觉、运维和配件管理等全流程都实现了信息化，机器故障可以提前 30 天预警，方案实施成本降低 30%。

章丰：直到今天，能把“未来工厂”说明白的人不多，做明白的人更少。你当初花了四年时间，是怎么思考规划的？

陈德木：我提出了基于“全价值链精益生产”的未来工厂整体规划，简称为“一二三四五”。

“一”是一个方案，杰牌智能传动方案。

“二”指两个平台，线下智能传动产业平台和线上新智造平台。

“三”指未来工厂的三个功能分区，包含办公区、生产区、生活区。

“四”是园区建设理念的四个标准：中国的中和之道、美国的战略思想、德国的匠心精神、日本的精益管理。

四个标准融于一体，形成“五”个智能：智能工厂、智能产品、智能服务、智能体验、智能人才。

章丰：线上线下两个平台，如何理解两者的关系？

陈德木：线上线下两个平台是互联互通的。线上新智造平台打通需求端、供给端、应用端，支持三端在线操作，包括售前、售中、售后智能服务和计划快速响应，实现正常的业务往来。

比如客户可以在手机 App 上“云看厂”、选型下单，智能生产车间根据客户的需求进行设计派单，运营全过程数据被集成在平台上，生产过程、质量检测过程都透明可见。产品交付后，实时运转的信息会通过云系统传输回来，由平台监测和预警，我们的技术人员随时可以介入。

章丰：线下平台围绕物料生产，线上平台围绕生产经营管理？

陈德木：对，两个平台链接人、机、料、法、环，打通各个信息系统的数据，实现精准计划、精准物流、精准交付和减速机远程实时监测运维。所以，一个方案、两个平台、三个功能、四个标准、五个智能，形成了杰牌的标准：一流、专业、联盟。

要么不做，要做就做一流。如何做到一流？必须专业化、一根筋，做到“宽度一毫米，深度一公里”；要“有病”才能把事情做好，什么“病”？三句不离本行的职业病。专业化如何实现永续经营？核心就是建立联盟。

从客户到供应商，我们之间不是简单的交易和买卖关系，而是利益共同体，杰牌以开放的态度协作创新、共同发展。

谈数字化转型建议 | 一次想通、一步规划、整体实施，避免走弯路

章丰：杰牌以设备制造起家，怎么打造未来工厂建设中的数字化能力？完全自研还是与专业的软件公司共建？

陈德木：杰牌采用复合型方案，核心系统自研，已有标准的部分采用市场化的数字支持，我们与阿里云、SAP（思爱普）等企业都有合作。杰牌未来工厂的建设分为十五步：业务流程调研、主数据收集、蓝图规划、硬件布置、软件开发、关键用户培训、最终用户培训、单元测试、集成测试、上线测试、上线准备、上线成功、系统运维、系统联调、数据打通。前三步最关键，真正的壁垒是业务型 IT，我们称为"最佳业务实践"。如何把业务问题转化为代码逻辑，需要杰牌自己解决。

章丰：know-how 靠你们的行业专家解决，其他可以采用与软件平台公司共建的方法。

陈德木：对，最后数据打通也是由杰牌自己完成。各系统打通后也就形成了一体化产业平台，支撑企业业务发展。

章丰：很多传统制造业企业希望像杰牌一样完成数字化转型，作为先行者，你有哪些建议？

陈德木：要避免走弯路，必须一次想通、一步规划、整体实施。我的建议是，先做五件事——市场分析、用户分析、竞争分析、产品策划、五年规划，通过对公司未来的期望，倒推当下的行动。然后思考五个问题——为谁服务、与谁竞争、有何目标、有何亮点、由谁负责。

为谁服务？为最顶尖的友商的客户服务。以此为原点对标业内最优秀的企业，比如做手机就对标苹果，做电动汽车就对标特斯拉。我们经常把自己比喻成大学生，不要和高中生比好了多少，要和教授比差了多少。

比如杰牌的商业模式对标德国的博世，它不生产汽车，但每辆汽车都用它的核心技术，所以杰牌不做成套设备，而做成套设备中的关键核心零部件；创新模式对标美国的3M（明尼苏达矿业及机器制造公司），技术创新采用模块化手段、积木式搭建；技术路线对标日本的发那科，用发那科机器人生产发那科机器人。

所以我们应用杰牌自主知识产权的智能产品，建设杰牌智能传动未来工厂，生产智能产品，为所有要建设未来工厂的客户提供智能产品、智能服务、智能体验。杰牌的产品对标，一是德国的西门子，以软件引领；二是德国的赛威（SEW），以硬件引领；三是德国的伦茨（LENZE），以行业深耕引领。

章丰：对标优秀者才能进步。

陈德木：与谁竞争？与客户的需求竞争，满足客户未被满足的需求。有何目标？要达到世界公认的隐形冠军的标准。有何亮点？需要企业根据自身情况提炼。杰牌有硬指标，比如100%交付合格率、10%成本降低率、100%交付准时率等。由谁负责？未来工厂是对公司战略的解码和落地，需要体系支撑，必须由一把手负责。

章丰：杰牌要实现从生产制造到智造服务的转型，意味着今后会把智能制造的解决方案变成一项产品向行业输出？

陈德木：对，我们要实现两件事——杰牌智能传动未来工厂和未来工厂智能传动方案。杰牌采用自己的技术建设未来工厂，中间踩了很多“坑”，也积累了很多经验，逐渐形成了独立的方法，可以向计划建设未来工厂的企业提供模式输出。

硬件产品和解决方案是相辅相成的，未来我们可以为行业提供杰牌智能传动设备、杰牌智能计划系统、杰牌智能物流方案，从设备、系统、方案三方面助力企业完成两个维度的转型，即从离散制造企业向流程企业转型，从传统制造企业向科技创新企业转型。

章丰：智能传动解决方案对外输出有标杆案例了吗？

陈德木：软硬一体的综合解决方案已通过内部试验，在杰牌美国和诸多项目中落地实施。在我们的规划中，智能工厂、智能电厂、智能港口、智能机场和智能产线等，都是杰牌智能传动方案的主要应用场景。

谈人才培养丨拥抱数字化变革，投身数字经济洪流，成为共同富裕的主体

章丰：创业三十余年，作为企业的掌门人，你个人知识迭代的广度和深度都堪称惊艳，你平时会采用怎样的学习方法？

陈德木：对于已知内容，我会欣慰自己掌握了这个知识点；对于未知内容，我会努力学明白。做笔记时我不会筛选信息，而是把老师讲述的内容都记录下来，再从中提取要点，最后形成行动计划。所以我的学习纪要包含三部分：记录、要点、行动。

章丰：我发现杰牌也十分注重对内部员工的培训。

陈德木：数字化转型最大的问题还是人的观念问题，智能人才的打造最难。杰牌对人才有三点要求：要有科学家的思维，能变抽象为具象；要有工程师的能力，能变具象为蓝图；要有新工匠的精神，能变蓝图为现实。

我们在公司内部定期组织内训，并制定了“学习六步法”，即听到、听懂、接受、计划、行动、成果。如果员工停留在前三步，只能打 0 分。我们鼓励员工积极进行后三步，促进人才提升。

章丰：杰牌提出“走进未来工厂，体验专精特新，实现共同富裕”。未来工厂和共同富裕之间是什么关系？

陈德木：原来杰牌的人均产值在 60 万元左右，未来工厂建成后，人均产值可达到 300 万元左右，整整提升了 5 倍。核心不仅是做到生产流程的数字化、智能化，更要培养一批懂数字化、智能化的人才。

未来人人都是数据的挖掘者、提供者、拥有者、受益者。一个人如果不产生数据，就产生不了社会价值。只有积极拥抱数字化变革，投身数字经济洪流，才能成为市场中具备高竞争力的人，成为共同富裕的主体。

快问快答

达成目标后，你如何犒劳自己?

旅游。

挑选合作伙伴，你最看重的品质是什么?

看办公室风格是否和我的一致，即内心定位是否一致。

你会给创业者一个什么样的“锦囊”?

站在未来看现在。

你最想改变世界的一件事是什么?

打造中国的世界品牌。

如何定义“数字新浙商”?

未来已来，智造未来。

相芯科技秦昊：

数字人“淘金热”，
我们是“卖铲子”的人

秦 昊

相芯科技执行总裁兼首席执行官

为每个人在元宇宙建立统一的身份，实现数字形象跨应用、跨平台的统一和流转。

作为相芯科技的联合创始人及与浙江大学产学研项目的主要成员，秦昊负责并主管公司的技术研发及产品应用，带领团队将前沿的智能图形技术落地为行业解决方案，已累计服务千余家海内外企业；致力于 XR 内容生产与互动技术领域的前沿研究，并促进了科技成果转化及其产业化和商业化，为更多的互联网企业和传统企业带来沉浸式的产品体验和用户体验，为人工智能行业的发展提供更多空间和可能。

相芯科技成立于 2016 年，在秦昊的带领下，形成了一支技术力量雄厚的科技研发团队。企业先后获得国家高新技术企业、浙江省高新技术企业研究开发中心、瞪羚企业、浙江省守合同重信用企业、杭州市准独角兽企业等荣誉资质及称号；先后获得大小奖项 20 余项，申报发明专利及软件著作权数量超 40 项，累计为 1000 多家 B 端客户提供智能图形技术解决方案，助力行业元宇宙布局和升级。

“2020 年元宇宙的概念火了，行业得到了更广泛的社会认知，但我们一直沿着既定的脉络向前走。”

2016 年，XR（扩展现实）领域的创业公司还没有像现在这么火。浙江大学周昆教授带领团队创立了相芯科技（下文简称“相芯”）。“相芯”，寓意人脸皮相背后的机器之“芯”，也暗含团队对技术的坚守。

查阅相芯的资料，最早的采访可以追溯到 2017 年。彼时，周昆教授的学生秦昊作为技术带头人，带领团队一边打磨 AR（增强现实）视频特效产品的落地，一边探索数字化身的核心技术。

今天，以“刻画人的音容笑貌”和“描绘物的流光溢彩”为目标，相芯自主研发了数字人引擎和超写实数字物平台。那些曾被视为“神级”的好莱坞特效技术开始走近普罗大众——只需一台手机、一款应用，就可以分分钟生成数字形象，来一场奇妙的科幻之旅。在数字娱乐、文化教育、智慧营销、新零售、智慧城市等领域，相芯的数字人都实现了落地应用。

“元宇宙其实代表着下一代计算平台。”在谈及可能的未来时，这位务实的“技术男”透露出一丝野心，“我们的使命，是在元宇宙里实现数字人跨应用、跨平台的统一和流转，为每个人建立统一的身份。”

这支从浙江大学实验室出发的团队，带着“求是创新”的基因，走在同样年轻的赛道上。“小宇宙”的威力，值得期待。

谈数字人丨CG 表观结合 AI 技术的产物，技术路线没有高下之分

章丰：“虚拟人”“数字人”“虚拟数字人”的概念对于大众来说还很陌生，业内是如何定义的？

秦昊：其实业内对这一概念尚没有明确定义。目前行业过热，产业处于初期阶段，场景面临落地，定义尚不成熟。抛开 AI 技术，数字化身的概念并不新鲜，已经在影视、动漫、游戏领域出现了相当多的应用，最典型的比如阿凡达。

CG（Computer Graphics，计算机图形学）生成的形象结合 AI 技术后，衍生出了数字人。行业内又细分出身份型数字人和功能型数字人。身份型，比如大家熟知的洛天依、初音未来；功能型，包括电视上的数字新闻主播、App 里的数字客服助手。它们的技术路线、实现方式不同，但从本质上来讲，都是 CG 表观结合 AI 技术的产物。

章丰：技术路线之间有高下之分吗，抑或只是面向未来的不同场景？

秦昊：目前行业内应用的主流技术，很难说有绝对的壁垒，基本上只相差一年到两年的时间。像相芯这样的强技术公司，就会持续更新迭代现有技术。我们拥有全栈的技术能力，以 CG 为核心，打通软硬件，以 XR 技术解决各类场景的连接互动需求。

不同技术面向的场景和产品不同，面临的挑战也不一样。如果是强消

费级的，比如数字形象，挑战在于降低使用门槛；做超写实，就要集中精力做好人物效果。

章丰：据你观察，这些年行业的技术逻辑有没有发生变化？

秦昊：底层的逻辑始终是虚实结合，变化可能在于技术应用场景的拓宽。从 2010 年开始，专业级 CG 技术开始向消费级场景发展，在面部捕捉、人物建模、投放动画等核心技术上，我们做了大量研究。到 2016 年，技术有了一定积累，我们希望能在产业上有所突破，相芯这家公司应运而生。

成立初期，相芯主攻 AR 视频特效技术，利用摄像头做表情捕捉，驱动数字形象，这项技术沿用至今。2018 年、2019 年，发展出数字客服、数字主播等功能型数字人。2020 年“元宇宙”概念大火，行业得到了更广泛的关注，但我们一直沿着既定的脉络向前走。

一方面，相芯正在不断对数字人核心技术进行突破，夯实自身的技术和产品壁垒；另一方面，相芯又持续深入业务场景，围绕全栈数字人产品——视频数字人、卡通数字人、仿真数字人、超写实数字人、全真数字人，打造行业垂直解决方案，并在金融、手机、汽车、互娱等二十多个行业实现落地，成为行业降本增效的重要力量。

相芯五大类数字人

谈布局逻辑丨元宇宙的数字形象及背后的驱动机制，是相芯要解决的核心命题

章丰：2021 年，相芯的愿景从“XR 技术创新者”变为了“元宇宙搭建者”，这是出于什么样的考量?

秦昊：元宇宙并没有给我们带来路线改变，无论是概念出现之前还是之后，我们都在做数字人，瞄准的是“下一代互联网的体验”。将其称为“元宇宙”，可能更容易理解和传播。

从互联网发展的角度来看，计算平台在过去几十年间经历了变迁的过程：从 PC 互联网，以博客、微博等图文结构传播信息，到移动互联网，手机 App、短视频和直播开始成为主流。每一次计算平台的演化，都带来了新的机遇。国外的科技巨头，已经投入了十多年研究它的底层规律和发展趋势。我们认为，下一代计算平台一定会到来。

章丰：我同意你的观点，元宇宙概念眼下有点“过火”，但本质上是社会演进的一种形态。你觉得“下一代计算平台”会以什么样的形式呈现?

秦昊：形式可以多样，可能是AR/VR，也可能是物联网等。可以确定的是，我们现在所创造的ID、身份都是抽象数据，下一代计算平台对现实世界的数字化需要更具象，所有的人、物、数据，都会和现实世界有更紧密、更具体的对应。

在现实世界里，我们每个人都有音容笑貌、穿着打扮，这构成了我们的形象。那在数字世界或网络空间里，又会怎样?用户将不再满足于用一串字符、一个ID、一张照片诠释自己，而希望拥有一个可实时互动的、具有“音容笑貌”的专属数字人（Avatar）。

章丰：人是数字新世界的中心。

秦昊：数字形象从创建到互动，是一项领域高度交叉的技术创新。其中涉及建模、驱动、渲染三大关键技术，每一项技术的实现难度都很高，且涉及软硬件的支持。传统CG技术做一段动画要花费大量时间、成本，我们开发了全套低成本的自动生成技术，用户只需要一张自拍照片，就可以同步生成个性化3D卡通形象，并轻松接入各种VR/AR的应用中进行互动。

我们也提供数字人直播带货的解决方案。因为在元宇宙中，会有真实的人，也会有具备AI功能的数字人服务于人，CG可在视觉上优化人机交互体验。再下一步，我们也开始解决数字物技术。因为元宇宙中一定会有重要活动比如电商、展览等，要实现物的流通，物的数字化是前提。

相芯复杂物体高精度数字化模型

章丰：数字世界的构建通常围绕人、物、景三个基本元素，“景”的部分你们不涉及吗？

秦昊：“景”更适合谷歌这样有数据、有实力的大公司去做，创业公司很难形成规模效应。如何将“人”带到元宇宙，解决数字人以及背后的驱动机制问题——其中的技术命题就是相芯要应对的。打个比方，我们是“淘金热”中“卖铲子”的一群人，不知道金矿在哪里，但是大家一定需要“铲子”，我们提供必需的工具。

谈商业模式丨在技术驱动、产品驱动和商务驱动之间来回转换

章丰：作为数字人这条赛道里出发较早的公司，相芯如何把握技术演

进和商业化的关系?

秦昊:相芯的基因是技术驱动,但从成立的第一天起,我们就考虑了产品化的问题。我们不希望透支行业和产品承诺,而是要考虑技术到底用在什么场景、如何让用户大规模使用。

从路线上看,相芯是在技术驱动、产品驱动和商务驱动之间切换的。公司成立初期专注于技术,慢慢打磨产品,之后转向商务驱动拓展市场;到一定阶段,可能又回来提升产品……技术、产品、商务三个齿轮在不同的时期作为重心发力,来回转换,实现公司的螺旋式发展。

章丰:元宇宙概念的兴起对相芯的商业化提速效果如何?

秦昊:我们服务的客户、行业数量在激增,过去以消费、社交领域为主,现在各行各业都希望找到和数字人的结合点。越是在热潮之下,越考验公司的战略定力和产品实力,也对解决方案提出了更高的要求——要快速接入客户的需求,同时降低他们的使用门槛和成本。

章丰:另一方面,入局者也会蜂拥而至。从数字人行业的竞争来看,是否形成了成熟的定价机制?

秦昊:这几年技术创业的环境变化快,大厂开始做 to B 的技术输出,小厂也纷纷加入"内卷",新产品快速涌现。一件在售的产品,不到半年,就会有友商展开攻势,打价格战。所以我们要结合产品的价值、客户的承受力以及市场竞品的价格来锚定定价区间。

章丰:相芯是否考虑将数字人技术封装成 SaaS 产品,让前端完成能力部署?

秦昊：在考虑范围内。因为面向的客户群体不同，使用诉求不同，我们选择打造数字人的能力底座，提供不同的产品矩阵。举个例子，“6·18”期间我们主推了数字人直播带货助手解决方案。直播带货目前是电商的主流趋势，但一场直播需要团队、场地、主播等，成本动辄两三万元，对中小店铺来说是一笔不小的开支。数字人主播的解决方案就比较友好，支持定制，可以协同真人主播，实现互动串场、产品介绍、问题应答，店铺也可以进一步活用自己的私域流量。

谈技术与人文边界丨数字人的“灵魂”，更多是一种浪漫的畅想

2021年9月，相芯联手次世文化出品了国风数字偶像“南梦夏”。“数字偶像的流行，并非替代现有的文娱行业，而是用XR技术，让数字世界和现实世界互补互联，创造新的需求和流量，撬动一个更庞大的市场。”

章丰： 南梦夏的“音容笑貌”可以用技术实现，但还需要人设和“灵魂”。如何解决数字人内容运营的可持续性？

秦昊：相芯的定位一直是底层平台的技术提供商，我们重点发力的方向不是运营，在运营方面，我们寻求与行业内的专业公司合作。产业链已经形成了比较明确的分工，出现了专门负责数字人运营、营销的公司，比如我们的合作方次世文化。各自发挥所长，我们可以更专注地做好技术和工具，支持更高频、低成本的内容产出。

南梦夏

这也有助于打通商业模式，保证产品和技术的商业价值。几年前，没有人提“超写实”，因为商业模式“跑不通”。普通的数字人，建模可能就要几十万元，每做一个片子，要再叠加几十万元的成本。市场上谁敢买单？所以我们致力于把成本降到最低，同步提高生产力，比如两天完成南梦夏的超写实硬照，一到两周生成视频。

章丰：此前大家在热议谷歌的LaMDA（对话式人工智能）拥有“意识”和“灵魂”的问题。你怎么看待数字人的技术和人文边界？

秦昊：我们会尽可能避免讨论这些问题。务实地说，目前的技术进展无法实现，所谓的“灵魂”更多是一种浪漫的畅想；即便实现也不见得是一件好事，可能会衍生出其他的人文问题。

从技术的角度看，数字人“灵魂”的打造与AI关联更大，比如NLP（自然语言处理）或语义分析领域。现在数字人的作用更像机器人，更多是完成一些具体的功能，比如当数字人主播、做内容生产、回答用户的问题等，更务实一些。

章丰：AI 机器人我们过去接触更多，应用也相对成熟。专注功能性 AI 技术的友商和相芯是怎样的关系？

秦昊：合作协同，我们做好底层配合。AI 机器人追求聊天式的自然交互，AI 技术厂商侧重于知识库构建和问答逻辑，我们则把界面化的东西做好，一起营造更有温度的产品。

这不是简单的从 85 分到 100 分的过程，而是产品功能和形态相互融合的过程。市场上做知识训练的公司不少，但做表观的、能做得好的公司较少。因为 AI 发展那么多年，门槛是逐渐走低的，但 CG 的门槛相对偏高。

谈愿景 | 为每个人建立元宇宙统一身份，实现跨应用、跨平台的流转

章丰：数字人技术具备天然的 C 端友好性。面向 C 端，会有哪些可能的玩法？

秦昊：数字形象仍处于成长期，行业内的“玩家”都在探索落地场景。个人认为，早期的主要商业模式还是通过赋能 B 端的产业，完善行业解决方案；同时，大部分的相关产品会触达 C 端用户，比如游戏场景捏脸，短视频和直播中的 AR 美颜特效、AR 道具，数字偶像，车载助手，等等。

我们是以 2B2C 的方式触达用户，目前在打造消费级数字人平台 AvatarX，先让用户一起做 UGC（用户生成内容），再开放工具，降低使用门槛。

最终我们想实现的是大众对数字身份的认知，因为现在大家对数字身份、数字形象其实没有形成足够的认知。今天，我们每个人在网络空间里具备很多形象，比如你的微信、微博等会有不同的 ID 及头像，而这种形象和现实生活中你给朋友们的印象是不完全一样的。

相芯的使命，就是让每个人在元宇宙建立统一的身份，实现数字形象跨应用、跨平台的统一和流转。

章丰：在元宇宙这样的下一代计算平台上，每个人能够跨应用去管理自己的数字形象，这确实是一个重要的话题；甚至每个人可以基于区块链这样的底层技术，实现对自己的数字形象的价值管理。

秦昊：如果目标完成，我们不仅提供了产品和工具，还有可能参与下一代计算平台的规则建立。技术提供商的定位并不占优势，尤其是从商业模式来看。我们需要再往前走一走，无论是通过平台的方式，还是通过内容生产，把平台做得更扎实。

章丰：相芯的生态位很有价值，因为计算平台无论怎么演化，本质都是以人为主体的连接。

秦昊：没错。我认为元宇宙形成之前，一定会先带动千千万万的“小宇宙”产生，它们是新型沉浸式体验在电商、社交、娱乐等场景的具体落地。未来，千万个“小宇宙”会逐步融合成平台，真正构成下一代互联网，人们可以通过统一的界面，在其中获得更具沉浸感的体验。

快问快答

达成目标后，你如何犒劳自己？

我爱好广泛，没有特定的犒劳方式。

挑选合作伙伴，你最看重的品质是什么？

追求极致，这是我们团队从实验室沿袭至今的气质。

你会给创业者一个什么样的“锦囊”？

实事求是。比如做产品要结合市场需求，而不是把新技术直接“摁”给用户。

你最想改变世界的一件事是什么？

说不上来。

如何定义“数字新浙商”？

我们的团队是从浙大出来的，代表了一类“用技术驱动商业”的人。

非白三维茹方军：

跨越三维扫描国产化的千山万水

茹方军

非白三维创始人兼首席执行官

创业者面对的都是没有被回答和探索的问题，他必须拥有世界级的信心。

中国民主建国会成员、浙江省数字经济学会智能制造专委会秘书长、工业和信息化部增材制造专家库成员、杭州市青年企业家协会理事、杭州市高层次人才。入选2020年福布斯U30榜单、2021年胡润U30榜单、2022年浙商青云榜。

非白三维成立于2015年，专注于3D机器视觉底层技术研发和3D机器视觉传感器制造，至今已实现从传感器到光学系统及核心底层算法库的全部自研发，成为真正掌握新一代高精度手持激光三维扫描技术的前沿企业之一；同时还为奔驰、奥迪、上汽、丰田、特斯拉等诸多汽车主机厂的配套厂提供成套三维扫描系统和QC质量检测系统，产品出口美国、加拿大、挪威、澳大利亚及东南亚等地。

2014 年，23 岁的茹方军已经创业四个年头，公司面临转型，他决定放空自己，去川藏线骑行。路途艰险，始于成都，终于拉萨，等他翻越 14 座海拔 4000 多米、2 座海拔 5000 多米的高山后，已经过去 20 多天。

出发的时候，茹方军有很多同行者，每翻过一座山，人就少一些。他们大多选择折返，或者花 100 元搭车上山。某天暴雨突至，他从山下骑行而过，背后发出巨响，他才发现躲过了一场塌方。

他在生死一线中体味到创业与骑行的相似。“在这个世界上，靠坚持就能打败大部分人。理想大多被枯燥和危机打败，有多大的雄心，就要匹配多大的耐心和勇气。”

人生的“川藏线”上，从旅游、互联网、3D 打印到 3D 扫描，他翻过一座座高山后，逐渐明晰了目标——造出世界一流的 3D 机器视觉传感器，让自主研发的“机器人之眼”，成为带动国内制造业数字化转型升级的精密齿轮。2015 年，非白三维（下文简称“非白”）成立，专注于三维机器视觉领域底层研发，助力智能制造的精细测量。

“沿着江山起起伏伏温柔的曲线……面对冰刀雪剑风雨多情的陪伴 / 珍惜苍天赐给我的金色的华年。”茹方军喜欢《向天再借五百年》的豪迈。高精度 3D 扫描技术的商业化、国产化之路，人迹罕至，他只用一腔热血叩问本心。“中国是大国，大国要有重器，在高端精密测量仪器、核心传感器上，不能受制于人。我们要为大国铸利剑。”

2020 年，茹方军带领非白三维，成功打破国外对高精度手持激光三维扫描系统的长期技术垄断，用五分之一的售价达到国外定价 50 余万元的同级别产品的精度和效率，完成国产替代。非白聚焦销售渠道化和产品出海，立足全球，八年来打磨的利剑将投入更广阔的市场。新山头闪动的，仍是他最好的金色华年。

谈创业经历丨从“挣快钱”到长期主义，做一件难而正确的事情

章丰：你的创业经历是从大学开始的吗？

茹方军：我从入学的第一天就开始创业了。我读李开复的《世界因你不同》，里面有句话特别打动我，“经济独立了，灵魂才能独立”。我妈也想看我笑话，说“你去试试吧”，一试就没“底”了。

章丰：大学生创业总会踩一些“坑”的（笑）。

茹方军：一开始，我做过旅游代理，但我始终不热衷“服务行业”，就转向了互联网。当时我和我的同学邓建波做过外包项目，一个月就能赚十几万元，但这种业务门槛很低，只要勤奋、执行力强，都能赚到钱。我觉得必须寻找一个有门槛、长周期的业务，做一件难而正确的、有长期价值的事情。

大三的时候，留学美国的朋友向我介绍 3D 打印技术，我被这种天生

的柔性生产力吸引，凭借行业起步期的市场红利、认知红利，我们赚到了第一桶金。但这没有门槛。为什么？开源就意味着没有门槛，它就像“华强北生意”，你一块我八毛，我们拼不过真正有工厂的人。

后来我就往高精度手持三维扫描领域攻破，开始为技术“烧钱”。毕业时，我背了几百万元的债，团队也散光了，只剩下两三个兄弟。我还记得我们大年初七来梦想小镇答辩，项目叫讯点三维。

章丰：当时讯点已经从 3D 打印向 3D 扫描业务转变了？

茹方军：我们一边做桌面 3D 打印，一边向 3D 扫描转型。3D 扫描是 3D 打印的上游市场，发展前景好，和我们现有的市场资源、团队能力都匹配。当时 3D 扫描技术基本上被国外垄断，国内产品价格高昂，还供不应求。2015 年，我正式把 3D 打印业务砍去，成立了非白三维。

章丰：“非白”这个商号很有个性，有什么寓意吗？

茹方军：我先取了英文商号，BBCV（BlackBox Computer Vision，黑盒计算机视觉），代表一种神秘、未知和领先。中文名想取得文艺些，就叫非白三维。

谈落地场景丨三维扫描是一把尺，一双机器人的眼睛

非白三维具体在做什么？茹方军给出了一个好理解的答案，卖“尺子”。三维扫描仪如同一把尺，是一种基础的测量工具，用它们扫描各种物件之后，可以得到高精度的 3D 数字图像。这些图像可以用于质检、绘制加工

图纸，还能应用在机器人上，引导机器人做焊接、涂胶等工作。非白的定位是3D级传感器厂商，高精度手持激光三维扫描仪只是技术产品化的步骤之一。

章丰：非白的3D扫描仪有哪些具体的使用场景？

茹方军：我们主要瞄准工业、医疗、文创三大模块。在工业方面，我们的全套解决方案已经覆盖汽车、摩托车、3C、装备制造等场景。比如做铸造件，之前没有图纸，只能人工测绘，不准确，还耗时费力；使用我们的扫描设备，从开工到精准加工，只需要40分钟。

在医疗方面，我们的3D扫描仪应用在数字式助听和齿科，比如电子助听器、种植牙和隐形牙套的制造。传统电子助听器需要倒模、翻模，模型一旦失水变形，助听器就不精准了。对模型进行三维扫描后，可以直接传输数据给厂家3D打印。哪怕消费者不小心丢了器件，厂家也能很快生产出一模一样的。

文创领域涉及历史博物馆的几千件馆藏，只要用我们的设备扫一扫，就能获得3D构图数据，制作精密的模型。

章丰：这三大模块目前看来是清晰的，但是在此之前，你们也做了很多其他的探索吧？

茹方军：我们走过很多弯路。最开始，由技术侧的人员制定技术方向，定得很“浪漫”，我们花了13个月埋头苦干，只做出来一个学术级产品，

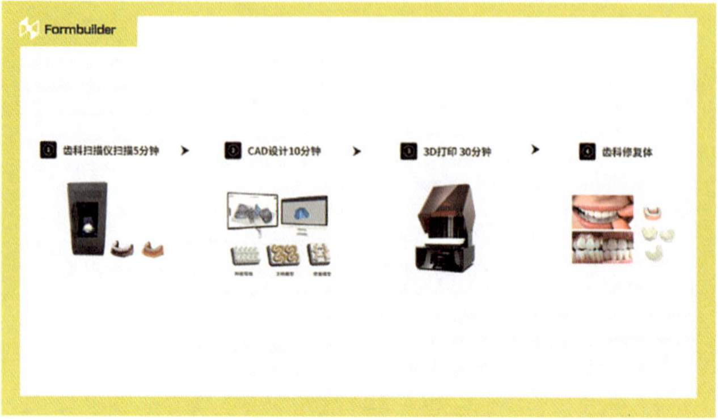

非白三维的齿科方案

扫描精度不稳定，市场也不接受。我们也追过热点，做应用于 STEAM 教育的扫描仪。最终我们决定开辟“第二增长曲线”，聚焦工业和医疗赛道。

工具是表象，本质上要看它能解决多大的社会问题，这决定了公司的业务体量、潜在用户数和用户的付费能力。计算机视觉赛道不成熟，是因为有付费刚需和强付费能力的客户少。而工业是国家的根基，医疗关乎生老病死，它们是刚需，且客户有强付费能力，三维扫描技术能帮助他们实现降本增效。未来 3D 扫描仪可能就是工业领域最基础的测量工具，就像去五金店买的钻头一样常见。

章丰：非白的商业模式是“产品 + 服务”还是一次性销售？

茹方军：早期基本上是一次性销售，现在在逐渐向按服务收费模式转型。我们交付给客户的是硬件 + 软件，软件免费升级，部分模块可以直接迭代。产品解决方案化、商业模式服务化，一定是未来。

谈市场开拓丨真理在现场，在实践中把仗打赢

章丰：非白经历了从 to G 到 to B 的业务转变，如何开辟一个全新的市场?

茹方军：当时我们研发出了工业级的扫描设备，却连续五个月卖不出去。团队里所有的销售员都告诉我，是因为产品不行，跟友商有差距。我就大夏天背着包、带着设备去“扫街”……这就是“枪口比人家短一寸，但还得打仗”（笑）。

章丰：是用“扫街”的方式完成了最初的客户积累吗?

茹方军：第一个客户是模具城的一位老板。二三十万元的扫描仪，我们卖了一个较低的价格，他觉得我们有诚意，同意试试。之后非白的每一代产品我们都免费向他提供，他再反馈我们 debug（排除程序故障）和修改方向。

也是在那个阶段，我发现产品功能极度不完善，销售团队对后续操作流程也不懂。其实要实现产品闭环，扫描仪本身只占销售过程的 30%～40%，客户要的是全套解决方案。

我们创始团队经常“下一线”，发现问题后，我直接用程序语言跟 CTO 对接，列出行动项，他只需要琢磨有没有更好的实现路径，讨论完之后方向就定了。所以我们的产品迭代非常快，一个礼拜一版，客户认可度也随之大幅度提升。我一个创业的朋友讲过一句话非常好，“真理在现场”。

章丰：稻盛和夫也说过类似的话，“现场有神灵”。

茹方军：前两年我每天跑三个客户，到车间，到现场，给客户出技术方案。你只有做了足够的加法才能做减法，这些事在办公室里是想不出来的。

也是在这个时期，投资人带我上了节管理课，内容很“水”，但我听进去一句话，“只有人民子弟兵才能打胜仗，所有的雇佣军全是墙头草”。

我把这套解决方案摸熟后，开始手把手培养自己的“队伍”。时至今日，非白的直销团队是行业里最“能打”的队伍，这就像红军爬雪山过草地，拿着“小米加步枪”，把仗打赢。

谈制造业数字化转型丨行业会更加细分，自动化是必然的趋势

章丰：现在3D扫描仪解决方案的渗透率有多高？

茹方军：很低，只有一级供应商和小部分二级供应商在使用。我预测在五年内，会迎来制造业中小企业需求的井喷。目前制造业处于“交接期”，“二代”接班后，对新技术的接受度会更高。

我们的制造业企业两极分化非常严重，上面是“黑灯工厂”（智慧工厂），下面是小车间，中间是一堆“抱大腿”的。有些供应商已经能完成一级主机厂的交付标准，但行业文化、生产环境、技术方案都和欧美差距很大。我上次参观了一家工厂，车间很破，但模具的精度控制水平是完全过关的。

制造业市场广阔，其中门类多、机会大，不必过于关注竞争对手，也没必要切入太多场景，关键在于专注于几个细分赛道，把它们做深、做透。

章丰：你认为制造业未来会继续细分吗？

茹方军：是的。针对具体场景的解决方案是有差异的，不同的需求下会派生出各种细分的公司，比如搞打磨的、搞焊接的……这就是欧洲的制造业企业的现状。随着人口老龄化加剧，中国的企业以后一定会“欧洲化”——只有二三十个人，在一个细分领域深耕，做一道工艺，做成隐形冠军。

在这种趋势下，非白提供自动化的基础工具，未来会开放传感器和协议。这也需要其他的计算机视觉厂商、执行器厂商、机器人厂商联合起来，抱团合作，协议共通。

章丰：现在非白的“被集成度”如何？

茹方军：我们正主动把自己变为“元器件”，对外输出。手持三维扫描仪始终依赖于人的操作，等它从“机器之眼”进化为“机器换人”，才能产生新的价值，所以非白还有很多级高台阶要跳，关键是我们面临下一个跳跃时，还有没有勇气。

谈全球化与国产化 | 全球化是长期趋势，国产化和对外开放要兼而有之

章丰：非白坚持全栈自研的发展方向，这方面做到什么程度了？

茹方军：除了芯片，我们100%自研，做到了全国产替代。国产化这条路没人走过，遇到底层问题我们只能自己“死磕”。比如一个国产芯片

的编译器有 bug（漏洞），没有人能解决，厂商也不懂，好在我们胆子比较大。

章丰：你们的胆子是挺大，因为你并不是一个掌握足量资源的创业者。

茹方军：这就是很美式的创业者。投身商业很大部分靠的就是勇气。我们为什么歌颂创新？因为需要足够的勇气和未知。包括行业标准、行业走向，也是在一批先行者的尝试和带领下出现的。

章丰：从非白所处的 3D 扫描行业出发，你怎么看待国产化？

茹方军：国产化是一种必备能力。在全球化环境下，国产化意味着自主可控，有利于技术装备升级。但长期看，国产芯片在技术上是一种退而求其次的选择，我们也要坚持对外开放，跟“一流高手”不停竞争、交流、学习，才能不断进步。

所谓的逆全球化周期也是短期的，全球化仍然是时代的主流。历史是摇摆的，只要不爆发战争，趋势就会逐渐缓和。我们这代人接受了相对开放的教育，当这代人成为社会的中坚力量，时代整体也将走向开放。所以我看好全球化，这也是我一定要出海布局的原因。

我们在芬兰成立了欧洲市场中心，未来，非白会辐射化地开拓欧洲三维扫描和工业自动化市场。

章丰：所以你更相信底层技术进步的曲线、经济发展的基本价值规律等长期的东西？

茹方军：我相信常识，所有事物短期来看都有泡沫，长期来看都会价值回归。

谈创业者基因丨一个创业者最有战斗力的时候，一定是他没有退路的时候

章丰：非白创立至今，你的心态有什么改变？

茹方军：当年什么都敢干，不懂就学，马上能学会，马上可以开始。现在习惯先布局，把所有东西算准。

创业者不仅要懂商业，还要会技术、有技术思维，才能把控方向。我也曾在技术上过度地依赖学术大佬、顶尖专家，但最后选择自学计算机。这两年，我一直在研究人的成长模型。任何一家公司、一个人，思维中都有时代和成长环境的烙印，使其沿着惯性做出选择。我在看竞争对手的时候，也很在乎他身上是不是有纯正的创业者基因。

一个创业者最有战斗力的时候，一定是他没有退路的时候。所有看起来很英明的战略转型可能都是“被逼无奈”，只是事后“粉饰太平”。

章丰：英明的决定总是事后诠释的。

茹方军：当年我背了一屁股债，兜里只剩 50 块钱，经常失眠。出于对团队的责任感，我挺了下来。有前辈跟我说过：“等你每晚睡不着觉了，你就知道怎么创业了。”

创业者一定是孤独的，他和他的公司回答的，一定是这个行业、这个世界没有被回答和探索的问题，所以他只能站在世界的边缘思考。这个时候，他必须拥有世界级的信心。直到现在，我和团队也让自己保持着随时开辟“第二增长曲线”的心态，把基本盘扎深。

我不会给自己的人生设限，而且希望自己在创业路上有那么一点高于金钱的、能称之为理想的东西，不然在最难、最黑暗的阶段，叩问自己内心的时候扛不过去。创业有时候就是一口气，凭一口气，点一盏灯。气在，灯不灭，就有机会。

快问快答

达成目标后，你如何犒劳自己？

吃，寻找没尝过的美食。

挑选合作伙伴，你最看重的品质是什么？

有契约精神。

你会给创业者一个什么样的“锦囊”？

一心一意地扎深去做，做到让行业绕不开你。

你最想改变世界的一件事是什么？

增进各种文明间的交流。

如何定义“数字新浙商”？

全球化，是这代人的“基座”。

一目可视周舒扬：

医学可视化，医疗数字化时代的万能钥匙

周舒扬

一目可视创始人兼首席执行官

医学可视化是医学知识传播媒介的升级，凡是文字内容都可以借助医学可视化重做一遍。

浙江大学临床医学硕士，曾任浙江大学医学院附属第一医院胃肠外科医生。中国解剖学会科普工作委员会常务委员、雄安新区未来健康传播中心数字部副主任、中国美术学院客座讲师、浙江传媒学院客座教授。

一目可视是一家专业医疗视觉服务商，服务于强生、腾讯、百度等多家世界五百强企业，与国内外数百所高校及医疗企业开展深度合作，拥有超过 100000 研究级医疗视觉素材，为全球医疗企业提供专业的医疗视觉营销服务。

“三甲医院的医生不做，去给人画画？”这是周舒扬刚创业时听到的最多的疑问。

周舒扬的过往人生像一条外人歆羡的直线，浙江大学临床医学硕士毕业，入职浙江大学医学院附属第一医院。当了七年外科医生后，他选择跳出人生直线，结合绘画的兴趣天赋与医学的专业能力，辞职成为医学插画师，迈入国内尚处于荒野阶段的“医学可视化”领域。

病毒究竟是怎样入侵人体的？吸入式疫苗如何从外到内实现防护？皮肤产生皱纹的背后有哪些原因？心脏跳动时是如何发力的？这些晦涩专业的医学知识，通过一目可视（下文简称“一目”）的一幅幅插画、一个个动画，变得生动可感。

从开设医学插画培训班，为互联网医典绘制科普插图，再到建立医学可视化知识库，周舒扬带领团队将生物医学知识与视觉传达技术相结合，为知识学习架起了视觉的桥梁。

“医学可视化，是医疗发展到下一个数字化时代的万能钥匙。”周舒扬兴奋地描述未来的图景，“它将医疗的主要媒介从文字转化为视觉，突破文字的门槛，使专业知识可以链接所有用户，实现惠民，并给医疗商业化带来突破。”

从文字到图片，再到视频直播，移动互联网在短时间内促成了媒介的进化。在数字浪潮中，医学可视化正在加速改写医疗行业的知识传播逻辑，巨变就在不远的将来。

谈医学可视化 | 医疗数字化时代的万能钥匙

章丰：做了七年外科医生后，你选择了医学插画，是因为兴趣和天赋吗？

周舒扬：我喜欢画画，但一开始对医学插画并没有兴趣，因为医学插画的主题和表现形式受限，就像写说明文，需要把内容呈现清楚，要求打全局光、画面干净整洁，插画师自由发挥的空间有限。

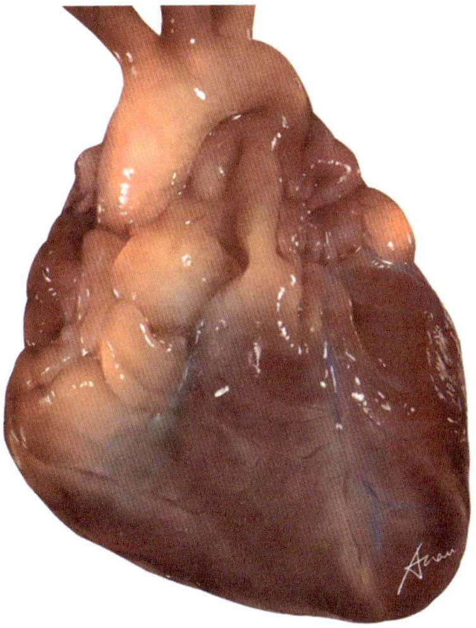

周舒扬练习作品“跳动的心”，曾在微博上被《人民日报》官方账号转载

但现在我的观点发生了变化，就绘画和创作来说，如果不限制题材和内容，创作者反而会迷茫。就像社会体系能良好运行，本质上是依靠法律和道德的约束，只有在一定的框架限制下，才能获得真正的自由。在医学框架下不断深挖，我们发现教科书里的医学插画只是医学可视化的冰山一角，能做的事情太多了。

章丰：如何理解医学可视化？

周舒扬：医疗这种高知识密度、高阅读门槛、系统庞杂的学科，信息的传播效率、转化率及通俗易懂性是最重要的。医学可视化本质上和英语一样，是一门自然语言，它渗透到医疗的方方面面，是医学知识传播媒介的升级，凡是以文字形式存在的内容都可以借助医学可视化重新做一遍。

对于医生和学者，阅读文献、发表论文都需要可视化产品的辅助；对于医药企业，专业产品需要视觉上的包装升级，让受众更了解功效；对于想了解养生保健的百姓，需要更多生动的科普。从专业人士到普罗大众，医学可视化是连接医学和所有相关群体的纽带；从传统的临床医学、基础医学，到新兴的再生医学、数字芯片等，医学可视化链接到了医疗的每一个行业。

可以说，医学可视化是医疗发展到下一个数字化时代的万能钥匙。

章丰：这很像媒体行业经历过的升级，从文字到图片再到短视频，现在是可互动的直播。

周舒扬：对，医学领域的趋势和媒体行业类似。入行至今我最大的感触是，原先大家都觉得医学可视化是不起眼的小东西，当初我准备离职时，师兄说：“三甲医院的外科医生你不做，去给人画画？”我的前老板也非常不理解。很多同行的认知也还处于初级阶段，只靠承接插画业务，日子过得不是很好。

如今我们对整个行业的认知有了巨大改变，就像学了英语后，如果只做翻译，就是把路走窄了，只有从事别的工作再结合英语，你的竞争力才会强。所以一目的定位，是把医学可视化作为工具和“敲门砖”，切入医疗的方方面面，为医疗相关人士提供各种系统性的服务和视觉方案的呈现。

谈转型思考丨我们不是在做公司，而是在做产业

“如果只做医学插画师，那就和同行都成了对手，所以我选择开培训班，做资源整合者，相互成就，也赚到了第一桶金。”创业初期，一目团队以培训和科普插画项目为主。很快，周舒扬意识到“如果不创造出场景需求，培训出的那么多插画师将无处可去”。2022 年，一目战略定位升级，从医疗视觉内容定制服务商转变为以视觉为主导的生物医学知识平台，开始建设医学可视化知识库。

章丰: 医学关乎人的生命，且专业度极高。要推动整个行业的观念转化，比推动消费领域的升级难得多。

周舒扬：是，所以我们也推动了行业的进步，这么多年下来，还挺有成就感的。在我从业前，业内还有手绘和数绘的媒介之争，现在毫无疑问都是数绘了。

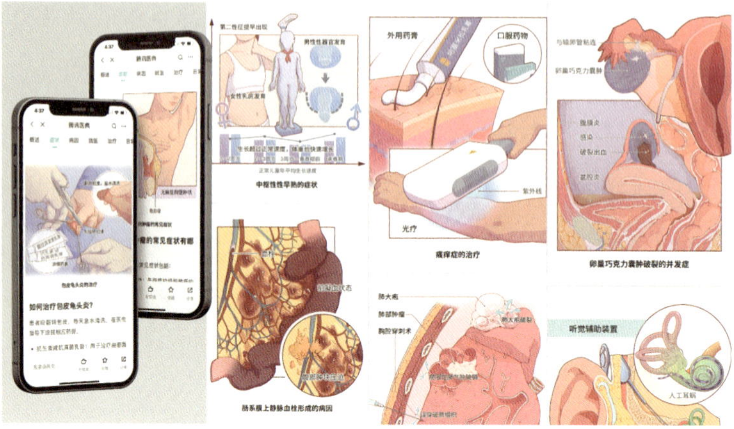

一目团队为腾讯医典绘制的配图

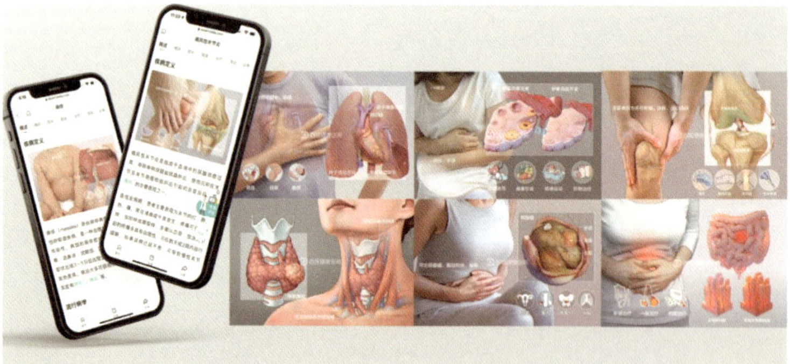

一目团队为百度健康医典绘制的配图

后来，我们发现医疗行业的广告营销、产品推广都很传统，不够市场化，现在不少客户会主动找我们做创新的内容和呈现形式，市场的接受度更高了。比如，2019 年我们为腾讯医典绘制了配图，后续互联网的医典配图都沿用了这种风格。

章丰：一目塑造了行业的一种新范式。

周舒扬：从绘画、动画到交互设计，我们也在不断尝试新模式。比如医学动画，我们的价格可能高于国外头部企业。我们希望倡导一种主张：用户是可以感知到技术和审美并为之买单的。

传统医学动画只是把医学过程讲清楚，使用场景有限，但用视频的形式和创意的表现手法，在表现产品特性的同时，还能传递出品牌主张与企业调性。所以我们提供的是一套品牌升级方案，但相比广告商有价格优势，这是客户愿意接受的。

一目团队的客户案例

章丰：就盈利来说，医学插画培训班的创业模式比较轻松，但你选择转型做医学可视化平台、建设知识库，你是怎么考虑的？

周舒扬：当时可以说是“躺着赚钱”，30 个人靠着培训班和互联网的医学插画项目，盈利很轻松。但我们发现给别人“代工”始终不稳定，也感受到了互联网的波动性：腾讯来了，百度、字节跳动也来了；但腾讯走了，其他也都会走。

2021 年底，占公司营收 80% 的项目停止了合作，虽然账上还有八位数，但我焦虑到不行，每天早上都五点醒，我意识到公司急需一款持久的产品支撑业务，而不是像作坊一样承接订单。

章丰：作坊式公司最大的风险是客户留存带来的波动。

周舒扬：而且这种模式不适合产业发展，所以我们做了整体架构上的转型。决定投入做知识库后，公司“唰唰”花钱，但我睡得踏实了。

一目做得越来越深的核心原因在于：第一，我们不是在做公司，而是在做产业。一家公司独好，并不长久，只有行业起来了，蛋糕做大了，“头部玩家”才能活得更好。

第二，我们急需一个市场去容纳新加入的人。很多小伙伴把一目当作“避难所”或“理想乡”，放弃了从医的选择。我们作为行业内最大的公司，如果只是开培训班，但所有人接受培训后发现没活干，只能大家再一起开培训班“拉人”，就意味着整个行业都完了。

一目当初承接互联网项目订单，本质上也是希望行业长久。互联网“大厂”来了，正好接住了，互联网“大厂”走了怎么办？那就由我们创造最大的市场需求。知识库建设是以几十年为周期的项目，需要大量的供应商，能够“盘活”所有人。

章丰：行业繁荣是支撑你走得更远的商业逻辑。医学可视化在国内还是比较新的领域，需要复合型的人才，什么样的人适合这个领域？

周舒扬：医学知识、数字技术、审美能力是必须的。除此之外，最关键的是作品意识，以对待作品的态度对待交付。

以前我们做动画都是赔本的，但效果很好。比如全网关注度很高的心脏跳动视频，是我们培训班的一期作业，当时花了两个月、近10万元成本，以创作作品的心态一点点打磨出来的，当时也没有想到它会“火”。

我们在新员工培训时会强调，不要参考市面上同行的内容，避免创作受限。我们希望通过一手资料，借鉴其他行业更好的流程，发挥更多创造性。比如我们的插画以游戏行业的标准绘制，3D动画则按照影视级特效的流程制作。医学可视化是没有范式的，只有吸收其他行业的优秀经验，我们才有可能超越整个行业的标准。

谈知识库建设丨知识库是医学可视化生态的地基

章丰：建医学可视化知识库是一项庞杂的工程，你的底层逻辑是什么？

周舒扬：国外医学可视化行业比中国早发展100多年，我们调研发现，国外的头部同行都是30到50人的规模，几乎所有的业务都是医学定制动画。而国外顶尖医学院校没有图片类的数据库，更多的是纯文字内容的数据库。

一目过去最主要的业务是医学插画项目，这是只针对互联网用户的伪需求吗？并不是。优秀的插画也能体现动态的过程，但沟通、修改的成本很高，它的性价比不如动画，靠项目客单价很难长期维持。除了成本高，医学插画还存在“延后性”，比如我明天要出 PPT，今天晚上找你画插图，这是来不及的。

所以，市场上一直有平价、即时的医学插图需求，但从来没有得到过满足。商业效益决定了医学插画需要另一种市场“打法”，做动画可以接单个的定制项目，做插画必须铺设“基建”，建立标准化知识库，再做适量定制。

章丰：它需要体系化、规模化的模式，去摊薄商务成本。

周舒扬：对。让我下决心做图库的契机是，一家 MCN（多频道网络）机构来找我们，他们在孵化医生 IP，希望有更直观的形式向老百姓展示医学知识，所以请求付费使用我们画的插图。我意识到，医学可视化的需求并不局限在医疗本身，还有很多延伸领域同样存在需求。

我们曾经对标过视觉中国，但医学可视化知识库和视觉中国有本质上的区别。视觉中国就像批发商，它不生产图片，只收集大量的图片，满足各领域浅层的需求，但缺乏体系规划，无法满足更专业、更深层的需求。

医疗体系需要完整性，所以一目最先搭建的就是知识库体系，像画树一样先构建枝干，再把图片、视频、动画作为树叶和果实放置上去，形成视觉化的知识库。

整棵树构建起来后有两个好处：第一，能覆盖所有的需求点，避免重复创作；第二，枝干本质上就是最好的检索系统，能够快速定位知识点。

章丰：医学自身是个很完整的科学体系和实践体系。

周舒扬：从本质上看，一目现在做的事情和抖音类似。抖音的发展，一是抓住了媒介升级的红利，二是推荐引擎做得最好。短视频就像叶片，底层的推荐逻辑才是抖音的树干。网络上很多医学知识库体系都是网状结构的，由1个点发散到N个点，然后N个点之间互相连接，比如头疼对应偏头痛、脑部肿瘤等多个节点。但我们以视觉的形式做知识库，一张图片里包含了多个知识点，形成了N对N的体系，这是我们的首创，正在进一步开发中。

未来，一目真正的立身之本是知识库体系，哪怕别人把我们的图和影像都扒去也没事，树可以长出新的树叶和果实。

章丰：医学可视化知识库的建设前期需要投入大量资金，如果缺乏有效的商业转化，可能也会成为早上五点醒来的焦虑。在商业模式上，你有什么考虑?

周舒扬：我不会焦虑，这是难但正确的事情。正确，意味着它一定能找到好的商业点，在医学可视化行业拓荒到如今的体量，从0到1的经验让我们很有信心。

知识库变现的形式很多样，第一，知识库的受众是学校、医院、政府或投资机构等，这些大受众有购买数据库的习惯；同时知识库可以按单学科售卖，也可以拆解后成为市面上其他医疗知识库的补充。

第二，我们的知识库包含“视觉中国”和“可画”两种模式，“视觉中国”模式允许用户付费下载所有素材，“可画”模式支持用户在线编辑、二次创作。对于医疗群体而言，有特定使用场景的图文模板更有实用价值。

章丰：知识库可以采用多种组合的商业化方法。

周舒扬：而且知识库是医学可视化生态的地基。

首先，知识库搭建需要人才，大量的岗位空缺能吸引优秀人才进入行业；其次，人才培养可以与认证结合，我们正在布局行业认证体系，培训的学员毕业后经过认证，达到一定水平后可以作为全职或兼职员工加入一目。随着人才培养的进展，大量人才溢出到行业中，从业者会潜移默化地把我们的认证标准当作行业标准，由此推动医学可视化生态良性发展。

谈行业变量丨医疗行业的主要媒介从文字到视觉，三到五年就可以实现

章丰：在大规模知识库的建设中，除了标准体系的规划，还有生产力的问题。当前 AIGC 的兴起，会给一目的业务布局带来怎样的变量？

周舒扬：我一开始有点蒙，担心垒起的城墙一夜之间消失。但随着对 AIGC 的了解加深，我发现一目其实是最大受益者，借助 AIGC，我们能成为医学领域最大、最有价值的自有视觉模型数据集。

第一，由非专业人士“训练”医学相关的图片，结果会截然不同；医学图片属于专业图片，需要大量的专业人士进行结构标记。第二，在模型不够大的情况下，“训练”结果很多是残次品，需要二次修改和加工。第三，

市面上还不存在医学相关的视觉大模型，而这是我们正在做的。此外，调试 AIGC 生成图片需要一定时间，对一家小公司而言，为了几张图去调试，性价比低，但搭建知识库需要大批量生产图片，AIGC 是最有力的工具。

从宏观角度看，图片分浏览级和研究级。浏览级图片指人眼和相机能记录的图像，目前 AIGC 已经可以快速生成，效果很好；研究级图片是指可应用于行业、具有更强的专业逻辑的图像，商业价值远高于浏览级。在众多行业中，医疗行业具有特殊性，与民生关系强，金融价值也高，所以我们代表着研究级图片领域最大的一块蛋糕。

章丰：你以行业思维做公司，但行业建设还需要多方力量。作为医学可视化领域内的先行者，你最期待的行业改变是什么？

周舒扬：我最希望官方给医学可视化一个“名分”，从而推动行业往更高层面发展。

我们急需一个行业协会，一方面是支撑行业培训、市场教育，这些是一目已经在做的；另一方面是建立行业标准和认证体系，目前我们在筹备组建机构推动这件事，但也遇到一些问题。包括在融资时和申报政策补贴时，我们发现自己不属于任何一条赛道，好像什么都沾边，又什么都不沾边。

从出发到现在，一目靠自己的力量，迂回着完成超越一家公司角色的事情，虽然效果还不错，但路径是绕弯的。

章丰：中国的医学可视化行业还没有形成稳定的生态，以一己之力推动整个行业形成从标准、培训到认证的闭环，会很辛苦。

周舒扬：不辛苦，其实是“护城河”越挖越宽了。我们觉得医疗行业的主要媒介从文字转化到视觉，三到五年就可以实现。

一旦实现，医疗行业的商业模式都会随之改变，所有的专业人士都可以通过我们的平台直接用文字生成视觉内容，这破除了文字的门槛，医学专业圈层和养生保健等大众圈层会实现一定的融合。专业知识链接底层用户，既惠民，又会给医疗商业化带来巨大利好。

章丰：用可视化的数字技术把所有的医疗服务重新做一遍，三五年会不会太乐观?

周舒扬：不会，如果我们三五年还做不到，很有可能别人会先做到。

快问快答

达成目标后，你如何犒劳自己？

达成目标就是最大的犒劳。

挑选合作伙伴，你最看重的品质是什么？

长期主义者，行业认知一致，人品好。

你会给创业者一个什么样的“锦囊”？

既要仰望星空，又要脚踏实地。不要指望靠资本，而是要靠产品本身。

你最想改变世界的一件事是什么？

把医疗行业的主要媒介从文字转化为视觉。

如何定义“数字新浙商”？

包容普适。

西湖心辰蓝振忠：

打造陪伴十亿人的 AI 伙伴

蓝振忠

西湖心辰创始人、西湖大学博士生导师

人类只是困在一个很小星球上的智能体，我希望AI可以帮助人类探索未知。

卡内基梅隆大学计算机博士，曾任谷歌人工智能研究院科学家，多家公司首席科学家。NLP 轻量级预训练语言模型“ALBERT”第一作者，联合推出中文预训练语言模型评价基准“CLUE”，是目前国内被最广泛应用的大模型评价指标。现任西湖大学博士生导师，创办深度学习实验室，被麻省理工学院评选为亚太地区“35 岁以下科技创新 35 人”之一。2021 年，蓝振忠创立西湖心辰，致力于人工智能多模态大模型技术研究及产业化应用。公司自主研发的西湖大模型已服务上百家客户，包括汤姆猫、知衣、星巴克、支付宝、知乎、酷家乐等知名企业。

“我一直在寻找一种意义感，希望自己的研究能够真正帮助到别人。”自卡耐基梅隆大学计算机系博士毕业后，蓝振忠在谷歌 AI 实验室就职，工作之余，他还组织了留学生抑郁互助团体。寻求安慰与支持的年轻人逐渐增多，蓝振忠开始思考，人工智能技术是否能降低心理疗愈的门槛，让更多人获得陪伴和帮助?

2020 年，蓝振忠回国创业，依托西湖大学的科研力量，创立西湖心辰。西湖心辰的第一个产品，就是 AI 心理疗愈机器人“聊会小天”，通过多轮对话，与需要陪伴的群体展开交流，抚慰他们的孤独。

2022 年西湖心辰推出的 AI 写作产品“Friday”、AI 绘画产品“造梦日记”服务了更多用户的日常需求，也沉淀了数据，让西湖心辰朝着“说中国话，画中国画”的多模态大模型目标进发。

2023 年西湖心辰正式推出自研通用“西湖大模型”并通过国家网信办生成式人工智能备案。该模型具备跨模态情感识别及长程对话能力，能感知用户情绪，记住用户的历史互动信息，深度定制模型的人设、性格和偏好，以更有温度的方式与用户互动。

2024 年 8 月，西湖心辰推出国内首个端到端语音大模型“心辰 Lingo”。该模型具备实时打断、实时控制能力，以超拟人的互动方式，让对话更加生动、直观。心辰 Lingo 精通中文沟通技巧，不仅能实时响应复杂指令，同时能深度理解用户情感，在不同语境下为用户带来前所未有的智能语音体验，以尖端 AI 科技重塑沟通的艺术。

谈及“西湖心辰”这个名字的由来，蓝振忠表示，“心”诠释了业务方向。“西湖心辰想向内探索，读懂人的内心。像 SpaceX，是面向浩瀚宇宙，向外探索。我们希望通过 AI 帮助人类了解自身和他人，助其更专心地探索浩瀚的世界。这场无止境的探索，希望抵达的是‘心辰’大海。”

谈大模型丨国内 AI 创业公司和有积累的研究团队应该可以比较快地赶上 GPT-4o

章丰：作为大模型专家，你如何看待近期大模型受追捧的现象，它的能力和成果是否被夸大了？

蓝振忠：从技术演进的角度看，大模型的智能程度并没有提升，目前的 AI 离真正有自主意识的 AGI（通用人工智能）还非常远。语言模型已经有几十年的历史，大部分算法都是已有的。从 2018 年开始，我们在自监督学习方面有了较大突破。自监督学习，就是不需要通过人的标注，让模型去学习大量的原始数据，这样就能把模型做得特别大。

从应用层面来看，本轮大模型确实给研究领域、商业领域都带来了影响，解决了很多问题。

章丰：据你观察，国内大模型讨论的热度是否比美国更高？

蓝振忠：国内几乎每天都有关于大模型的消息，越来越多行业需要大模型或垂类模型来赋能。在大模型基础上，国内应用场景方面的创新也会越来越多。

章丰：国内外差异的背后是商业机制还是行业文化的影响？

蓝振忠：两者兼有。国内所处的发展阶段不同，随着产业生态完善，也会形成更清晰的商业规则、更高的商业互信。

充分竞争也有好处，你看中国的电动汽车走到全球前列也是充分竞争的结果。很多人认为国内外在大模型方面的差距会拉大，但我比较乐观，我感觉中外差距是在变小的。

国内AI创业公司和有积累的研究团队应该可以比较快地赶上GPT-4o，并且会在后续的版本中逐步拉近和OpenAI的整体性能差距。

目前已经有了大量论文、开源代码，都是可供我们学习的。我们可以把ChatGPT作为学习的模板，这样我们学习起来更快。大模型的优化是呈收益递减的，开始训练时提升非常明显，到后面优化越来越难，进步会趋于平缓。

章丰：你是一直持这一观点，还是也发生过观念上的变化？

蓝振忠：肯定有迭代。我每天都在更新自己的认知。我最近也一直在反思自己，可能因为我对技术的了解，我反而低估了技术壁垒的存在，觉得差距没有那么难以逾越和追赶。

章丰：大模型的商业转化会比跨越技术壁垒花费更长时间吗？毕竟其中还涉及生态，应用生态会是更高的壁垒。

蓝振忠：是的，现在 OpenAI 的生态正在建立起来。生态建设需要投入大量的资源和时间，国内的大公司在这方面会有一定优势。

但在某些细分领域，比如西湖心辰在记忆功能和情感功能方面有特色，我们和 OpenAI 优化的目标不同，搭载的应用也会呈现出不同的特征，差别会越来越大。

ChatGPT 背后的大模型是高度中立的、知识性的、向外探索式的。用户量级导致他们不能有偏向，只为用户提供更多知识。西湖心辰的大模型是向内的，我们希望它更像人、更理解人，用户怎么舒服怎么来。比如你让 ChatGPT 跟你喝杯酒，它肯定说自己作为一个 AI 模型不会喝酒；西湖心辰的模型则会说；来吧，让我们找一家很好的酒吧。

谈心辰大模型 | 多模态技术攻坚与应用边界探索

以多模态大模型为目标，西湖心辰构建了“模型层—中间层—应用层”的产品架构。模型层包含西湖大模型、多模态图文模型、心辰 Lingo 端到端语音大模型，模型能力接近于 GPT-4o 水平；中间层提供深入各个细分领域的模型，利用企业过往沉淀的数据充分赋能；应用层提供图片生成产品“造梦日记”、智能写作产品“Friday”和心理咨询 AI 助手“聊会小天”三款 C 端产品，以及 AI 智能销售“心辰小星”、AI 心理咨询“心辰小天”两款 B 端 SaaS 产品，覆盖心理健康、内容创作、智能营销、情感陪伴等领域。

章丰：大模型应用有很多方向，为什么西湖心辰选择定位到心理相关的领域？

蓝振忠：我们很早就在研发对话系统，这个研究方向符合AI心理咨询的需求。另外也有我个人的原因，我是个“直男”，特别佩服别人察言观色的能力，对怎么沟通、怎么了解他人的想法比较好奇（笑）。

章丰：你们选了一个最难的方向，知识型的对话相对标准化，但是“人心难测”。

蓝振忠：我们确实低估了这个领域的难度，心理咨询的非标准化程度太高，很难量化评估，我们也一直在持续不断地寻找评估方式。目前心理咨询AI助手“聊会小天”主要将用户的情绪表现等作为评估指标，做偏情感陪伴类的产品。不需要治疗你，实现陪伴也很好。

章丰：就像特鲁多医生的墓志铭，“有时去治愈，常常去帮助，总是去安慰”。

蓝振忠：我们的团队里有心理学专业背景的成员，在平台提供专家人工心理咨询，每个月有几百次的咨询量。这些咨询师会为团队收集语料、提供反馈。在很多情况下，机器比人答得好，心理咨询师需要高度集中，持续而稳定地输出是机器的优势。

章丰：机器可能打不出10分的“好球”，但能长时间保持在8分。除了AI心理，你们还做了哪些布局？

蓝振忠：我们团队持续在探索AI应用的边界。除了AI心理，西湖心辰创立至今还发布了图片生成产品“造梦日记”、智能写作产品“Friday”，同时针对企业应用需求，孵化出了智能销售“心辰小星”SaaS 产品。

当然我们也从未放弃对多模态技术的攻坚。一开始我们是做文字，但很快发现远远不够，文字会损失很多信息。而且在心理咨询中，很多人更倾向于通过电话交流而非打字。打字往往要求预先组织语言，这一过程本身就可能加重人的思考负担，而在疲惫或情绪波动时，人会更渴望毫无顾忌地通过语言宣泄情绪。所以，我们团队中有七八个人组建了项目组，开始训练语音模型，正式发布了国内首个端到端通用语音大模型“心辰Lingo”，为人机交互提供了一种新的范式。

章丰：除了心理咨询，“心辰 Lingo”还可以用于哪些场景？

蓝振忠：它能为各个领域提供通用的基础语音服务，比如日常销售、教育培训、医疗咨询、智能设备交互、儿童陪伴等。2024 年 10 月左右，我们会尝试上线 AI 心理咨询电话。

章丰：什么样的群体会成为西湖心辰最典型的用户？

蓝振忠：从 C 端来看，是需要陪伴的人。目前我们做的是 AI+ 工具，在人们需要陪伴、写作、绘画的时刻持续展示它的功能。

近期我们开始积极和各类产业端展开合作。有自己的垂类优质数据、大模型可以赋能的产业也会是我们的典型用户。譬如服装领域的垂类大模型 FD，是和一家针对服装行业的 AI 公司知衣科技合作开发的，可以 10 秒左右就生成超过 Midjourney（智能 AI 绘图生成工具）的效果图。

引入垂类数据的大模型也会迭代得更智能，在特定场景有更强的针对性，可以充分发挥当前产业应用场景丰富的优势。

谈跨界身份丨企业家和科学家身份高度重合，技术和商业的“蜜月期”到来

章丰：你现在适应企业家和科学家的双重身份了吗？

蓝振忠：其实在创业早期蛮痛苦的，充满了挑战，但也是成长和学习的过程。技术钻研我在行，但商业方面我并不擅长。这也是我当时想找CEO 的原因——得有一个角色在技术发展与商业转化之间帮助西湖心辰向AGI 的理想更进一步。

章丰：据说你发了“英雄帖”找你的“Sam Altman”（萨姆·奥尔特曼，OpenAI CEO），你找到了吗？

蓝振忠：找到 Sam Altman 这样的人才很难，很高兴去年我完成了这个艰巨的任务。目前担任这一职位的是醒辰，她曾就职于阿里巴巴集团，作为创始团队成员参与筹建湖畔创研中心。把企业管理的工作交接出去后，我终于可以专心做技术了。之前看到大家都风风火火进场了，我是有些压力的，但竞争也没想象中那么激烈。

AIGC 让技术的商业转化率不断提升，很多时候“爆款”的出现是因为技术的创新。当技术优势足够明显，产品就会更有商业价值。

章丰：前提是技术必须足够好。

蓝振忠：对。比如 2024 年我们发布的国内首个端到端语音大模型“心辰 Lingo”，开放测试不到 10 天就有千余家企业表达了试用意向。毕竟只

有我们敢说，我们的模型是真正拥有端到端语音交互能力的。所以对我来说，企业家和科学家这两种身份其实是高度重合的，我只需要把我的技术做好，用户自然而然会使用。

章丰：在技术变迁史上，可能会阶段性地出现类似的技术和商业的“蜜月期”，当下就是一个很好的写照。这会给国内的商业生态带来哪些机会？

蓝振忠：这轮会出现丰富的应用场景，现在是投资和创业的好时机。面对这种机会，大公司是迟疑的。Google 为什么不很快接入 ChatGPT ？因为要改变已成熟的商业模式；而创业公司可以比较灵活地在模型层、中间层、应用层选择生态位。

大模型公司除了把模型做好，也要多关注应用场景，和生态伙伴一起打磨应用。目前西湖心辰将部分应用层交给了生态伙伴，但我们也做一些应用，毕竟大模型需要应用的支撑和反馈来完成迭代，就像 ChatGPT 通过大量反馈才迭代到 GPT-4。

章丰：国内大模型企业竞争到后期会形成怎样的生态？

蓝振忠：可以参考“云”的市场，会有几“朵”大的公有云，也有很多细分领域的云服务解决方案提供商，估计云厂商也会入局人工智能。

谈 AI 未来丨我希望 AGI 能帮助人类和世界和解

章丰：你认为接下来人工智能的核心技术会怎样迭代？

蓝振忠：我预测人工智能的发展很快会遇到瓶颈，不会一直高歌猛进。

就像上一波人工智能，经历了2012—2015年的快速发展后迎来了瓶颈。这波热潮从2018年开始，目前还在快速发展中，预计很快就会进入一个平台期。

可以确定的是，大规模语言模型不会是终点。目前我对未来人工智能的预想，是像电影《她》（*Her*）里的萨曼莎一样，能同时掌握文字、图像、语音等多个模态的能力，这会让大模型的智能程度进一步提升。

章丰：除了大模型以外，通往AGI是否还有别的道路？现在看起来，大模型是一条被验证的路。

蓝振忠：我觉得要纠正这种说法，大模型并不是被验证的，终点尚不明确。颠覆式的创新依赖于环境的巨变，就像2012年，当人类第一次将神经网络转移到GPU上，算力才获得了大幅的提升。

大量的细微的进步和迭代正在发生，我们并不确信这种迭代能否引领人类走向AGI这条路，它仍然在被验证的过程中。这个过程就像爬树，树很高，树顶看着和月亮很近，但攀爬的过程中你会发现，它无法通往月亮，我们可能还是得造一艘火箭。或许某一天，我们面前也会出现另一条路。

章丰：西湖心辰的愿景是“打造陪伴十亿人的AI伙伴”。通过AGI，西湖心辰想为人类带来怎样的改变？

蓝振忠：增进每个人之间的了解，打造一个更和谐的社会。我最近在看《不羁的灵魂》，里面就在讲怎么和自身，和他人，和社会达到和谐状态。书里认为，真正的自我会更像一个观察者。如果你把这个世界看成自己意识到的客体，这个世界也就愿意让你知道你是谁。

比如你某天觉得：“我好笨，怎么又做得不好！”实际上那只是一种感受，当你意识到这份感受和外界既存的一张桌子、一把椅子并无区别，就能不受裹挟，保持中立。我从中受益匪浅，希望每个人都能够达成这种状态，和自己及世界和解。

章丰：从本我到超我，这是一种很强大的自我管理的能力。

蓝振忠：这就是人们通过冥想和灵修希望达到的状态。西湖心辰在AGI上的“向内”，也是为了让人类更好地“向外”，当人类和自身达成了和解，才能更专心地探索浩瀚的世界。

章丰：你怎么看待未来人与AI之间的关系？

蓝振忠：AI会替代一些重复性的工作，而人类可以被解放出来，去谈哲学，去畅想未来，释放自己的脑力探索其他的东西。这就像古希腊，苏格拉底、柏拉图能够每天在广场上“侃大山”，很大程度上是因为有奴隶在后面帮他们做事。

章丰：苏格拉底天天在广场上拉着人提各种问题，很像把这个社会当作一个“大模型”，不断地去输出他的“咒语”。

蓝振忠：不必太担心AI的进化。人类只是困在一个很小的星球上的智能体，这个世界有太多知识等待我们去挖掘，我们要追寻的“心辰大海”还非常遥远，我希望AI可以帮助人类探索这些未知。

快问快答

达成目标后，你如何犒劳自己?

达成目标，就是最好的犒劳。

挑选合作伙伴，你最看重的品质是什么?

和我互补。

你会给创业者一个什么样的“锦囊”?

我更想得到创业者的建议，在创业方面我还是个“小学生”。

你最想改变世界的一件事是什么?

借由通用人工智能技术，增进人与人之间的了解，让社会更和谐。

如何定义“数字新浙商”?

创新。

兆丰股份孔辰寰：

制造业已迎来“再出海”的时间窗口

孔辰寰

兆丰股份董事兼总经理

随着技术的发展革新，工业互联网会越来越体现它的内涵与价值。

曾先后任职于摩根士丹利、安信证券等，2017年回归兆丰，积极推进智能工厂的信息化、智能化等工作，主导兆丰从单机自动化、信息化管理，到全面机器换人、建设数字工厂大脑，再到5G赋能，大幅度提高企业生产效率及质量。曾被授予“2022杭州市劳动模范”荣誉称号。公司先后入选“中国工业互联网解决方案提供商TOP100（2021）”、长三角G60科创走廊工业互联网标杆工厂（2020年）、浙江省智能化工厂企业（2020年）、浙江省2020年省级工业互联网平台等。

走进兆丰股份的大楼，最先吸引我们目光的，是一块弧形数字大屏，屏幕上实时显示着每个车间的温度、湿度、空气质量和产量，每一道工序与设备的效率、能耗，产品的合格率，以及每一笔订单的去向、地区分布与运行状态。“数字大脑”触达的几个工厂内，只有零星人工负责监管，机械臂在产线上秩序井然地工作，十几秒内，就可将 30 多个零部件组装为一个汽车轮毂轴承单元。

兆丰股份（下文简称“兆丰”）成立于 1997 年，历经 20 余年，专注于汽车轮毂轴承单元的研发、制造和销售。2001 年进入自动化阶段，2003 年启动信息化改革，2013 年全面实行“机器换人”，2018 年建设“数字大脑”，2019 年 5G 全厂赋能，2020 年投入使用新一代智能工厂……在孔爱祥和孔辰寰这对“父子兵”的接棒与合力中，兆丰提前布局智能制造，踩准了技术升级的每一个节拍。这段以创新为底色的企业简史，也正是浙江省传统制造企业数字化转型标志性的缩影。

“兆丰能更快地推进数字化，还是得益于我和父亲达成一致：在那个时间节点，数字化应该是企业当时的‘一号工程’。”2017 年，浙江省开始深入发展数字经济，兆丰启动了上市之路，在投行工作的孔辰寰回到公司，负责工厂信息化、智能化工作，主导设计智能工厂及工业互联网平台。

“我们对产业数字化非常期待、激动，它的变化会超出想象。别看我们生产的是传统机械产品，它的应用领域非常广，技术内涵非常深。随着技术的发展革新，工业互联网会越来越体现出它的内涵与价值。”孔辰寰传承了父亲的专注，在他眼里，看似冷冰冰的轮毂，也能被数据和算力覆上创新的温度，在一条条产线上，用 AI 和 5G 技术淬火锻造出智能制造的未来。

谈“二代传承”丨以全球“文化桥”的角色深入公司业务和产品

章丰：你回国后选择先在投行工作，是基于自身规划还是个人兴趣?

孔辰寰：这是我大学时就考虑好的，继承家业是责任，也是我该有的担当，但是我也希望自己在专业上有个锻炼的过程。毕业后我先后进了摩根士丹利、安信证券，对中国宏观经济和资本市场都有了了解。后来我又到东吴证券做汽车行业分析师，掌握了行业研究、公司研究的方法，跟在投行的视角不太一样。一级、二级市场都尝试过之后，2017 年兆丰 IPO（首次公开募股），我觉得也到了回兆丰的时候。

章丰：回到兆丰，你们这对“父子兵”是怎样一种组合?

孔辰寰：父亲是我的榜样，我是父亲的骄傲。我们父子不太有分工的界限，都是融合的。一方面，我们父子之间的沟通一直以来都是很顺畅的，父亲会在我人生的关键节点与我促膝长谈，像男人对男人、朋友对朋友那样交谈。

回到公司后我必须对业务有深入的理解。有些“二代”可能从基层开始慢慢干起，但我对公司的业务，尤其是产品，从小就耳濡目染。我从高中开始留学，当时公司在美国洽谈业务的时候，我会充当翻译的角色，也因此熟悉了海外头部企业商务谈判的风格。

章丰： 很多人说最好的学习方法是输出，你是利用翻译这种特殊的输出方式深入了公司的业务和产品。

孔辰寰： 中国加入 WTO 后逐步成为世界工厂，制造业发展迅速，我们这代人很多人和我一样拥有海外留学的背景，在中外交流中也充当着“文化桥”的角色。比如当我察觉直译父亲的话可能会被客户误解，我就可以在翻译中进行规避，也可以用对方语境下的幽默活跃气氛。

章丰： 回到兆丰后，公司的数字化转型和工业互联网架构是你的抓手？

孔辰寰： 是的。但是要明确一点，数字化在当时的时间节点必须是企业的“一号工程”。如果我跟父亲之间不能达成一致，转型是很难推进的。

章丰： 因为它是“伤筋动骨”的，这个决策对制造业而言并不轻松。

孔辰寰： 当时有很多从“大厂”出来的团队在做工业互联网。得益于我在投行的工作经验，回兆丰后，我做的第一件事就是给公司找潜在的外延并购方向。因为我们做“机器换人”很早，2013 年就开始了，到了 2016、2017 年的节点，已经出现了“工业 4.0”的萌芽。

同期，德国、日本的一些全球头部企业都开始了产业数字化。我不想单纯做财务投资，就想怎么给企业赋能，于是就想到了兆丰是不是可以做工厂数字化的部分。那些团队有底层的技术、工具，但没有落地的应用场景，兆丰提供了“试验田”。

章丰：回看兆丰的数字化转型，一步一步走来，很有章法。

孔辰寰：兆丰从创立起始终保持着对外交流，我父亲善于吸收国外制造企业的宝贵经验。他常说制造业每5～10年就有一次升级，“机器换人”催生出智能化、智慧化的工厂，工厂智能化后，又产生了工业互联网，也产生了数字孪生。所以兆丰也是沿着这条路径，从自身业务出发，从机械化、自动化到信息化，再进入数字化的进程。

谈数字化改造丨“产业赋能＋投资”双轮驱动

基于数字化改造的需求，兆丰找到了雪浪云团队，这支团队着眼的正是数字制造中枢系统。通过人、机、物的链接，团队打通各个信息系统的底层数据，完成运营全过程数据集，并搭建了数据综合管控平台、大数据分析平台和机器深度学习平台，实现了对全工厂运营数据的集中管控和应用。在线、协同、智能，焕发新活力的兆丰“工厂大脑”也成为杭州“工厂大脑”的示范。

章丰：回看兆丰走过的数字化改造之路，最重要的经验是什么？

孔辰寰：兆丰推进信息化时选的系统是SAP（德国业务流程管理软件供应商），这是当时最好的ERP，我们根据自身基础，也把系统做得比较

“轻”。后期用友、金蝶等中国企业赶超上来，占据了 80% 的国内市场，数据中台需要打通信息化系统，在接口端、设备端产生了大量二次开发。如果一开始就从数字化的构架思路出发，可以避免后续二次开发的问题。

章丰：数字化改造对制造业组织内部的考验比较大，包括观念的跃进。

孔辰寰：数字化改造涉及大量的梳理和采集工作，制造企业需要借助第三方的能力完成转型。但是落实到具体的开发环境中，制造业不了解软件工程的问题，软件工程也不了解制造业的问题，需要从企业自身情况出发，注重与软件工程团队的磨合，形成有效的沟通机制。所以我们经常和雪浪云团队闭门开会，对方是代码语言，我们是工装模具，最终双方要形成同频的话语体系。

章丰：工厂数字化需要持续迭代运维，企业和第三方服务商怎样实现高水平的长期协同？

孔辰寰：任何产业的数字化转型，都需要从企业的自身需求出发，想清楚你要解决的问题。现在有的团队提出做一个行业的工业互联网，这个前提可能不太成立。哪怕是同一个行业，同样的自动化产线，同样的节拍标准，每一个企业的布局都完全不一样，所以数字化由企业来主导是前提。

另外，要关注服务商选择的技术路线是开源还是闭源。开源的环境让国内产业数字化公司可以接轨世界头部企业的 MES（制造执行系统），在此基础上做一些轻量的二次开发。

所有的决策节点要尽量减少人的干预。从接订单，到采购、排生产计划、进料，所有设备要调试，工装夹具要上，这个过程非常复杂。但我们的目标就是让人为的干扰尽量减少，否则数字化很容易流于表面、落不到实处。

章丰：你没有考虑过把兆丰数字化的成果变成一家比较独立的工业互联网企业吗？

孔辰寰：确实考虑过。但综合考量商业模式和公司现有的战略重心后，我们还是选择了以兆丰现有业务为重心。

从商业模式来看，第三方的数字化公司面临着标准化和定制化的矛盾，扩大规模的进程是缓慢的。工厂的数字化不是简单的代码交付，需要深度的磨合和沟通，运维中很多细小的需求迭代都需要本地化服务。

一支团队的技术是否过硬，上了工程一用就知道，处理能力、落地效应都很直观。同时我们也在思考，我们在做数字化的过程中和这支团队深度磨合，对他们而言也不仅仅是做一个项目。

所以我们形成了“产业赋能 + 投资”双轮驱动的商业模式。我们参与投资了雪浪云，他们又“反哺”给兆丰做数字化转型。兆丰作为数字化改造场景，也推动了服务商的成长。

章丰：兆丰和雪浪云的这种合作很有说服力，形成了一个闭环，曾经的投行经历也让你可以站在投资者的角度思考。

谈商业模式 | 探索“产品 + 服务”模式

章丰：数字化除了提高了兆丰的生产效率，是否给你们的商业模式带来了“产品 + 服务”的可能性？

孔辰寰：这种模式已经在我们的产品里有所体现，还在被行业接受和验证的过程中。这是基于兆丰早期设计的数字化整体框架，包括企业级、工厂级、车间级的开发方向，最底层的是产品数字化。产品方面，我们是国内第一家做商用车免维护轮毂轴承单元产品的企业。

章丰：“免维护”是什么概念？

孔辰寰：传统商用车的轮毂结构是密封的，长途客车和货车每天都在路上跑，开四五万公里就要保养清洁，一年起码两次。如果轮毂安装、维修过程中出现失误，可能会导致车辆在高速行驶中发生严重的交通事故。

2018 年兆丰在产品智能化方面做了大胆尝试，建立了商用车智能轮毂轴承单元远程运维平台，通过轮毂轴承单元运转数据上云，实时监控轮毂轴承单元运转温度、运转速度、里程等信息，通过平台综合分析，预警轴承故障，预判轴承寿命，提醒用户保养维修，等等，可以使轮毂的保养周期延长为每 50 万公里（实验室数据）一次。

兆丰汽车轮毂轴承单元

章丰：这是非常大的跨越。

孔辰寰：免维护轮毂在2016年左右进入中国，2018年后在商用车市场尤其火爆，渗透很快。当时我们分析，商用车每年销售规模大概为90万～100万辆，公司基于产品的市场前景和自身技术优势等，综合考虑，开拓性地在商用车领域开发并量产免维护轮毂轴承单元，站在了全新产品市场应用的开端。作为同时拥有脂润滑和油润滑两种技术路线系列产品研发、量产能力的制造商，公司生产的商用车免维护轮毂轴承单元产品可以广泛地应用于全系列商用车型。

我们也希望未来能建立起更大的汽车售后体系，通过对轴承的分析，对车辆路径、驾驶方式、保养时间、保养地点等进行实时跟踪和判断，应用到车队运营中，从而大幅提升车队的安全系数，为跨省供应链和库存布局创造更多可能。零部件厂商没有这样的产品基础，而主机厂本来就是一条产业链，更适合去做这些整合。

章丰：现在兆丰的数字化方案给产业链上下游带来了怎样的影响？

孔辰寰：通过数字化的信息采集和分析，我们实现了对供应商和供应链的分类和优化。结合国内、国外销售市场各自的客户特性、产品特性，有差别地进行供应商选择，根据业务、产品、客户的不同，对供应商建立相应的等级评价体系，使不同等级的供应商对应不同的业务，同时享受公司在业务份额、财务政策等方面的不同待遇。将数字化应用渗透到供应链中，能更加有效地对供应商数据进行规范管理。

谈行业生态丨高端制造业需要创新思维，希望更多高学历年轻人才涌入一线

章丰：兆丰团队中有很多是跟随你父亲多年的“大将”，你在推动数字化的过程中，有没有遇到内部阻力？

孔辰寰：我们会慎重选择数字化改造的场景，把员工利益放在高优先级，不影响日常生产。比如兆丰的公司战略从面向全球的高端制造转型为大批量规模化的产品制造后，一个型号的产品一周可能要做几十万套，产能扩张是刚需，推行自动化产线是很自然的。

兆丰自动化工厂里的不是操作工，而是工程师，负责控制监管机器的运行。他们的工资和企业的经济效益挂钩，多劳多得。

章丰：他们更多是对着屏幕，而不是拿着扳手工作。

孔辰寰：现在青年失业率相当高，但年轻的高学历人才愿意到制造业一线的还是比较少。未来高端制造业会是一个好的职业方向，我也希望在这方面有更多呼吁和引导。

传统制造业呈现的既定印象，类似以前丰田讲 Lean Production（精益生产），按既定流程做事，一是一，二是二，是非常传统的劳工服务。但现在的制造业是人机协作的，是有创造性的。所以我们也在尝试一些新的管理方式，比如学习互联网公司，分 P 岗（技术岗）、M 岗（管理岗）；设置每年的创新奖，每个人都可以报名。我们内部也推行 OKR（目标与

关键成果考核体系）文化，我希望不管是哪个岗位的员工，都要有创新思维——但不是完全取代 KPI（关键绩效指标考核体系）。对于制造业和互联网企业来说，成果最终还是要通过量化指标体现。

谈战略格局丨在“逆全球化”时期，启动“再出海”战略

章丰：现在有些“逆全球化”的声音，你怎么看这个问题？

孔辰寰：“去中国化”的趋势比较明显。从全球贸易结构来看，中国是最大的贸易体，从这个角度出发，“去中国化”就是“去中心化”。

在这种情况下，第一，公司战略要动态化，以适应外界的不确定性，提高效率，抵御风险。第二，保持韧性。欧美发达国家对中国高精尖技术的限制还会持续，但哪怕在疫情期间，在全球的物流体系全部被打乱甚至中断的情况下，中国的出口数据还是不错的。

欧美老百姓也要开车，也要换零件，也要维持衣食住行，当然越南、墨西哥等国家有可能成为新的替代。但像我们这些精密零部件企业，客户绑定已经非常深，从目前的节点来看，很难被取代。而且中国还有个最大的优势——产业链的完整性和制造速度，短时间内他国很难追赶。

在全球需求萎缩的情况下，行业去库存周期会变长，企业要把控现金流，保持持续的核心竞争力。这里的核心竞争力，是不断创新，做可持续的业务。不是单纯地接订单，而是要跟客户深度绑定，为客户做产品战略、产品开发。

章丰：气候恶劣时，种田人的劳作方式就得更灵活、更精细。

孔辰寰：目前来看，这是中国“再出海”的时间点，不光是产品，运营、软件等成套的服务，包括数字化的产品和服务都可以输出。

“再出海”的价值非常大，产品 + 服务的合作方式从“逆向”转变成了“正向”，这是不可多得的窗口期。

快问快答

达成目标后，你如何犒劳自己？

不会特意犒劳。

挑选合作伙伴，你最看重的品质是什么？

战略能力和人品。

你会给创业者一个什么样的“锦囊”？

要懂技术，也要有重视资源整合的能力。

你最想改变世界的一件事是什么？

让人们更友善，让世界更具同理心。

如何定义“数字新浙商”？

创新是永恒不变的主题。

新奇点张辉：

创造“空地一体”的数字交通未来图景

张辉

新奇点智能科技创始人兼总架构师

新奇点智能科技定位于『空地一体』数字交通体系的系统架构和运营支撑，打造新型数字交通基础设施。

美国加州大学伯克利分校电子工程学博士，1999 年受国家科技创新事业的感召，怀揣一腔科技报国情怀，毅然回国创业，联合创办中星微电子，研发中国芯。2004 年获得国家科学技术进步奖一等奖。张辉也是西湖大学七位发起人之一。2008 年创办新奇点公司，一直从事 4G/5G 宽带物联网芯片及设备、多模态感知与智能计算、车联网和“空地一体”数字交通的研究与开发工作，多次参与国家重大科技攻关项目，拥有数十项发明专利，发表过多篇学术论文，已成为行业的技术领头人。

15 岁考入中国科学技术大学少年班，留学美国学习电子工程与计算机专业，博士毕业后，张辉遇到了同在美留学的邓中翰，决定回国“拓荒”芯片领域，创立中星微电子。2005 年中星微电子在纳斯达克上市，张辉投身第二次创业，主攻移动通信芯片。2018 年，通信芯片行业发展遇阻，他带领团队全面转型，启航数字交通。

通过研究智能网联自主系统，新奇点智能科技集团有限公司（下文简称“新奇点”）着重解决个体智能和云网端体系智能的融合问题，应用于智能网联车、无人机、机器人三个万亿级领域；通过示范学习、仿真训练、监督学习、技能开发，实现对车辆、无人机、机器人的个体增强；通过环境感知、云端大脑、大模型，实现群体智能增强；通过 5G 通信网络、安全网络，完成对个体的实时规划、导航和控制。

奇点是宇宙演化的起点，也是智能大爆炸的新起点，张辉和新奇点正在创造未来“空地一体”数字交通的全新图景。

谈创业思考 | 人生是测不准的，每次测量，态都变化了

章丰：你是少年天才型“学霸”，如果按照既定的路径更可能成为科

学家。创建中星微电子是身份转变的开始吗？

张辉：我从小就想当科学家，没想过做企业。1999 年邓中翰牵头，我们几个留学生一起回国创业，考虑到国家对芯片的需求，我们创立了中星微电子。就是这么一个契机，人生轨迹改变了。

按量子力学理论，人生是测不准的。我们中国人常说“命运”，“命”是概率分布，这是“先天”的，比如基因、智商等；“运”就像“薛定谔的猫”，你不测量时，是死猫还是活猫都有概率，一旦测量，结果就确定了。每次选择都像一次测量，每次测量，它的态都变化了。

章丰：你怎么评价自己从科学家到企业家的身份转化？

张辉：这涉及另一个物理学原理——不可逆定律。熵增是不可逆的，人生轨迹只能走出一条路，无法比较另一个选择的结果。我认为做企业还是很丰富多彩的。科学家通常专注于一个研究领域，将其做深做透；做企业，研究深度不如科学家，但接触面更广。

章丰：在人生各种模式里，创业可能是最困难的一种模式。

张辉：所以我用了“丰富多彩”这个正面的词，该受的苦、成功的喜悦……酸甜苦辣，个中滋味都有。

章丰：离开中星微电子后，你二次创业做通信芯片。2018 年是出于什么原因选择专注于数字交通场景的？

张辉：2018 年前，我们都在做通信芯片。当时中国还没有科创板，美国也还没启动对中国的制裁。国产手机厂家倾向于采购进口芯片，市场对国产硬科技的需求及紧迫感并不强，还是以互联网应用、模式创新为主。

目前90%在科创板上市的芯片公司都是在某一细分领域做专用芯片的，收入规模不超过十亿元。收入规模达到十亿元甚至百亿元以上的，都是做通信芯片、算力芯片或存储芯片的。通用大规模芯片，赢者通吃，竞争激烈，直面国际竞争。

所以2018年，我们开始考虑如何既能活下来，又能把我们通信系统的核心能力延续下去。

章丰：通信芯片离热点比较远，但是专业门槛非常高。

张辉：转型的契机是国家开始推广5G。5G应用的最大市场是自动驾驶，“5G+自动驾驶”或者说数字交通是一条宽阔的赛道。第一，国家投入大量资金于交通基础设施领域，传统基建面临和新基建的结合。第二，汽车产业是中国工业的支柱产业之一，与道路息息相关。

我们决定从“5G+自动驾驶”切入，不直接做5G芯片，而是把5G无线通信系统应用于自动驾驶的整个车路云人协同体系。

谈车路云人协同丨新奇点的定位是数字交通体系的系统架构和运营支撑

新奇点将毫米波雷达和智能摄像机均匀分布在道路两侧，全域无盲区检测，采集到的道路数据在边缘侧进行融合计算，分析生成机动车、非机动车、人、路的结构化数据，再实时导入数据处理平台，通过算法引擎和模型加工，一条数字孪生道路就此诞生。

现实交通与虚拟交通的数字孪生

章丰：如何理解新奇点的“数字轨”概念？

张辉：“数字轨”是我们产品的代名词，代表把无序的道路变成数字化的、有序的轨道。我们提供与数字交通场景硬件结合的核心技术，包括大模型算法，将之统一称为“数字道路操作系统”，希望实现数字交通的系统级突破。

章丰：你定位自己是“大产品经理”，如果把新奇点的数字交通系统解决方案看作一个产品，它解决的是什么核心问题？

张辉：做一个系统产品，其核心是既能满足当下的需求，又能前瞻性地引导需求。如果只考虑现有需求，面临的是“红海”市场，“内卷”非常严重；引导未来的需求，正是大产品经理应该琢磨的。

企业的定位，最关键的是应对未来的需求，面向增量市场，持续迭代技术和产品。新奇点的定位是数字交通体系的系统架构和运营支撑，追求的不是狭隘的“车路协同”，而是“车路云人协同”。

交通的复杂性之一在于体系繁杂，有公安交警、交通局、建设局等管理部门，有高德、百度等导航软件厂商，还有越来越多的智能车载终端。现阶段自动驾驶还没有真正商业化，我们更注重满足交通管理部门、导航等辅助驾驶服务的需求，逐渐结合未来自动驾驶的需求，形成系统化的产品架构，提升交通系统的通行效率和安全性。

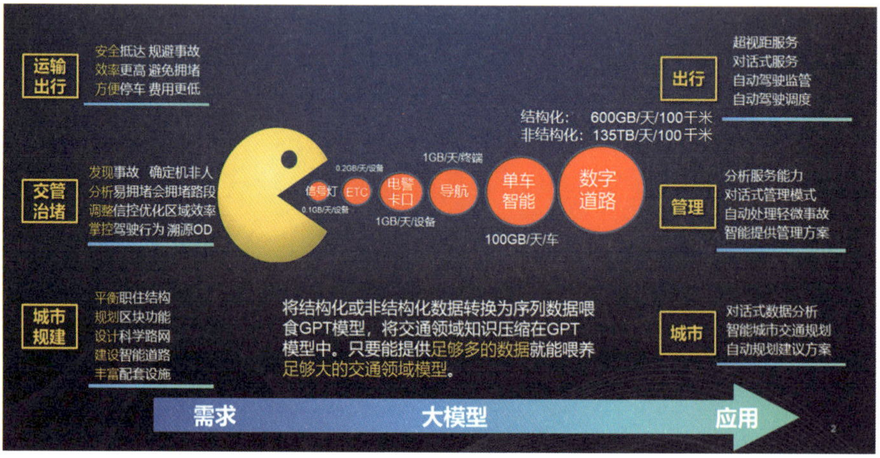

海量交通物联网数据喂养 GPT 大模型

章丰：车与路应形成信息交换和数据互通的机制，目前有吗？

张辉：目前只是通过导航打通车路数据。我们反馈给导航前方的红绿灯信息、道路施工信息等，导航提前显示给车辆。下一步迭代后，可以提供更实时、更精准的道路信息，比如前面一公里突然出现了抛撒物、发生了一起事故等。

章丰：车路云人协同还涉及数据打通，需要政府和市场建立起合理的数据打通及交换的机制。

张辉：现在数据“割裂”在交通局、建设局、城管局等各管理部门，打通部门之间的数据，才有可能将路和云数据分享给车和导航。

谈数据应用 | 数据必须和需求结合产生应用，通过相对公平、合理的交易共享商业价值

章丰：数字交通涉及的数据复杂，如何协同车路云人各种数据？

张辉：数据协同的难度很大，切入点很重要。我们首先要切入交警的需求。交警是道路事故的直接负责人，快发现、快处置是他们的第一要求。在车主上报前主动发现事故，并且能快速处置，这是最好的。

对于高架快速路，“非现场处置”的手段很有用，调用摄像头和雷达数据就能输出事故报告，由车主和保险公司确认，快速完成处置。从数据的可能性、准确性到业务管理，包括执法、证据等，整个业务流由数据流

驱动，节省时间，拥堵率可以因此下降 30%。

章丰： 非现场处置是非常典型的数据驱动业务。

张辉： 其次，解决“快车道上的慢车”这一大交通隐患。超速容易判定，而低速是相对速度，与路况、整个车流的情况有关。我们通过摄像头雷达组合和数字化轨迹判断，就能解决这个问题。

再次，如何优化调控智能信号灯。杭州交警已经做到“相对绿波”，原来一个固定的红绿灯依次亮灯一轮要 180 秒，现在逐步降到 120 秒，驾驶人等待红灯的时间缩短，遇到一次红灯之后可以连续通过三到五个绿灯，这背后正是数据应用和智能算法的支撑。

章丰： 这些都是典型的数据应用场景。对于数据的交易流通，你怎么看？

张辉： 关于数据的确权、定价，目前还是很难找到商业模式。数据交易的是应用价值，而不是数据本身。

数据单纯放着是没有价值的，必须和需求结合产生应用，在这过程中产生商业价值，并通过一种相对公平、合理的交易共享价值。

所以我们正在建设数字交通大模型，发挥行业数据的价值，催生深度的智慧化应用。交通大模型势在必行，做不成就要被淘汰，因为能够布设摄像头的公司太多了。

章丰： 交通本身是一个投入很大的基础设施行业，关系国计民生，你们做的一部分数字化工作可能更多体现在社会效益上，是否会难以衡量价值？

张辉：社会效益和数字化提升带来的经济效益确实很难量化。

从公安的角度看，电子警察、测速仪等是必要的，以罚代管是最基础的交通治理方式，这属于“信息化 1.0”阶段，预算、标准都是刚性的。

下一步怎么往数字化、智能化方向迭代？“从 0 到 1”的过程很难。数字交通不是刚性单一的需求，和交警、城市建设、运输出行都相关，这就会面临“谁买单”的问题。

章丰：行业生态复杂，参与者多，产品和服务的受益者也是多方的。

张辉：所以我们根据道路的类别采用不同的策略。对于经营性道路，即高速公路，有经营主体，我们提供降本增效的方案，减少重大事故和交通隐患，让道路更通畅，保证差异化收费、逃费稽查等各种措施的落地。

对于非经营性道路，以城市道路为主，我们与政府谈综合方案，确定标准和规范，在修路时就把 1% 的数字化建设成本纳入预算。综合来看，既解决出行问题，又解决安全问题，最终会转化为经济效益。

谈增长点 | 软硬件协同应该成为新道路基础设施建设的行业共识和规范

章丰：站在一家专注于数字交通场景的厂商的角度，新奇点大模型的技术路线与市场中其他人工智能企业的路线有何区别？

张辉：未来全国可能会形成两到三个通用大模型，通过巨大的算力，走到多模态大模型的阶段。新奇点可以接入通用大模型，形成数字交通行业大模型。

杭州在全力打造“中国视谷”，最大的机会是研发出通用视觉大模型，支撑视觉智能相关的行业和业务，包括游戏、元宇宙应用、工业视觉、智能交通、安防领域等，这也是新奇点正在参与的。

章丰：在通用大模型上迭代行业大模型的解决方案，是否有较为成熟的商业模式？

张辉：行业大模型的应用并不会出现新的商业模式，本身就是和业务融合的。微软为什么要投资 OpenAI？它本来就有 Office，有操作系统，有 Bing，只是把大模型放入原来的应用里，实现了飞跃。所以大模型一定是基于原有的业务应用，实现更高效率、更低成本、更好的用户体验。

商业模式上，可以根据调用 API 收费、收取精调参数的服务费，to C 可以包月费，等等。通用大模型的需求和成本最后会达成平衡，应用于垂直领域时，优化业务得到的收入足以覆盖成本，形成良性循环。

章丰：站在从业者的角度，你最希望接下来取得突破的点是什么？

张辉：新奇点强调“软件数据定义道路基础设施”，软硬件协同应该成为新道路基础设施建设的行业共识和规范。

可以用操作系统的概念类比，操作系统的本质就是“软件定义”。诺基亚 feature phone（功能手机）和 iPhone 智能机的差别在于，诺基亚每开发一个功能，都要重新设计一款手机，而 iPhone 基于 iOS 系统，一款手机可以下载多个 App 满足不同功能，不用为了某个应用需求修改硬件。

新规划、新修建的道路，要从最初就坚持数字化的标准和规范，将道路基础硬件设施一次性建设完成，后期通过软件满足不同需求。

而对于已有道路，我们采用补点迭代策略，运营和分析现有硬件设备的数据，对于不足的地方逐步提升，比如摄像头升级、信号灯智能化，渐进创新。

章丰：如果行业能达成共识，这是成本最低的做法。

张辉：而且未来操作系统的趋势是结合大模型，实现从驱动应用到智能调度应用的升级。

比如原来摄像头是为单一部门服务的，城管看井盖和违停情况，交警看处罚，治安部门抓逃犯，同一个地方安装了三种摄像头。有了大模型的支撑，单个摄像头可以加载多种功能算法，抓取的图像可以同时分析出响应不同部门需求的结果。

章丰：但这种上下打通的行业性共识，光靠政府和一家企业很难完成。

张辉：所以我们建立了长三角数字交通协同创新联盟，还联合华为、海康、阿里系、吉利系、上汽系，以及顶尖交通城建领域的规划设计单位等，共同打造数字交通创新链和产业链的协同创新生态系统。

现在的难点在于，大家都有数字化的需求，但没有形成标准，所以我们也希望单车智能发展得越快越好。自动驾驶需要标准，这会倒逼数字化道路的建设。

下一步，地面交通和低空交通即将开始整合。300 米以下的低空交通，天然就是自动驾驶的领域，航道管理、自动调度指挥、空中信号灯等都是要解决的问题。低空和地面的架构逻辑一样，且更需要新奇点的无线通信和定位能力，我们把地面做好，就能把架构和运营经验迁移到低空。

谈人才培养丨中国拥有全球最大的人才规模，但是缺乏顶尖人才

章丰：你是西湖大学最早的几个发起人之一，也是西湖教育基金会的董事。为一所新型大学的成立奔走，你为的是什么？

张辉：国内的公立大学办得非常好，规模很大，但多数民办大学都是三本，低端且以盈利为目的。如果能建立起非营利性的研究型民营大学，更有利于今后的国际化。我们希望借鉴加州理工学院的模式，探索一条高等教育人才培养的新路径。

章丰：这是对新型办学机制的一种探索。

张辉：中国拥有全球最大的人才规模，但是缺乏顶尖人才。比如高中奥数竞赛，中国选手拿金牌的很多，但是再往上，获得菲尔兹奖（数学领域国际最高奖项之一）的一个都没有。所以当时由施一公率队，大家出资出力，共同探索小而精的大学新机制。

章丰：你心目中的顶尖人才画像是怎样的？

张辉：就科学家来说，第一是爱国的；第二，有独立的、纯粹的、国际视角的科学精神；第三，接地气，一个科学家不能只做科研，要有战略眼光和宽广的接触面。施一公就非常典型，是大师级的科学家。再比如上

一辈的周光召，是本土培养出来的大师，有顶级的战略眼光，又有纯粹的科研精神。

在产业科技方面，国家急需两类人才：攻坚型人才，在专业领域深耕，把某个材料、某个器件做深做透；系统工程人才，解决某个系统性问题。

中国要出现像马斯克这样有独特个性、冒险精神的人很难，我们国家更倾向于培养能够坚守在某个领域的专精尖人才。

快问快答

达成目标后，你如何犒劳自己？

跟知己好友打“掼蛋”、“神侃”。

挑选合作伙伴，你最看重的品质是什么？

长期主义。

你会给创业者一个什么样的“锦囊”？

对于科技创业者，首先不要轻易创业，其次要有对当下需求和前瞻性需求的洞察力。

你最想改变世界的一件事是什么？

2030 年开始实现低空立体载人载物，在 300 米以下的低空领域，我们有机会超越马斯克。

如何定义“数字新浙商”？

能实现新需求与新技术的新循环。

百子尖葛铭：

以“工业之眼”，洞见自动化未来

葛铭

百子尖科技董事长

百子尖始终聚焦工业，致力于提升工业企业的自动化与智能化，重塑未来工厂新格局。

浙江大学工学博士，浙江省“万人计划”创业领军人才，杭州市第一批全球引才“521”计划入选者。工业自动化/人工智能领域专家，先后在国内外发表论文30余篇，获得发明专利授权50余项。担任教育部检测仪表与自动化系统集成技术工程研究中心主任、国际自动控制联合会（IFAC）工业委员会委员、杭州电子科技大学特聘教授等职务，曾任职世界500强企业自动化研究院总经理和事业部总经理。曾主持和参与多项国家和省部级重点研发计划项目，所创立的百子尖科技正不断助推工业信息化产业向标准化、集约化、规模化转型升级，已成为仿真模拟技术和视觉计算领域的领军型企业。

从求学、就职到创业，葛铭的经历始终没有离开“自动化”。1988年，他在浙江大学化工自动化专业完成了从本科到博士的攻读，入职世界500强公司之一霍尼韦尔，负责研发和业务，主导自动化系统在中国的研发和实施。

2014年，葛铭创立百子尖，聚焦流程模拟仿真相关产品的研发与应用。2017年，他收购美国公司微觉视（WINTRISS），开辟机器视觉业务线。工业自动化与智能制造密不可分，而机器视觉点亮了智能制造的“眼眸”：食品包装膜、电子电路板的原材料覆铜板、新能源锂电池……从消费电子、新能源，到机械、化工等传统行业，从日常消费品到工业元件，可以应用于千行百业的各种产品。

“表面瑕疵检测是机器视觉在工业上最主要、技术难度最高的应用。”选择这块“硬骨头”的百子尖，如今已能通过自研的智能视觉检测系统，在被检测材料产线超高速运转的状态下检出微米级的瑕疵。

“不论是自动化、信息化、数字化、智能化这些数字化转型的进程和动向，还是流程仿真、机器视觉这些人工智能技术对工业的改造，在我眼里，本质目的都是自动化，把人类从单调重复、缺乏创造力的工作中解放出来。”

在工业转型升级的浪潮中，自动化是那脉长流的活水，而机器视觉是葛铭望见的洋流。

谈机器视觉丨是自动化的重要环节，也是百子尖业务的自然延伸

章丰：“百子尖”这样一个名字，很难和一家工业自动化企业联系在一起。

葛铭：当时我们想破了脑袋，最后把目光锁定在杭州的景点上，取太大的景点不合适，我们刚好查到杭州有座山叫百子尖。这个名字好像有点意思，大家一听就能记牢，还会捎带几分好奇。

百子尖聚焦于工业自动化，主要服务两大应用场景。一是先进过程自动化，主要针对石油、化工等流程企业及化工院校，提供流程工业模拟仿真软件平台、仿真应用软件、半实物仿真类产品等。

二是机器视觉，可以理解为给机器安上了一双眼睛，能通过相机、光源、软件、算法等自动实现图像获取、信息处理和机械控制。在工业领域，机器视觉可以用于检测、识别、定位和测量，检测是其中技术难度最高的部分。

章丰：过程自动化是你的老本行，你是出于什么考虑开拓了机器视觉业务？

葛铭：自动化企业做业务需要有一定的广度。很多国际自动化巨头的业务都是多元化的。对于服务的工厂来说，也需要一体化的解决方案。

流程仿真、机器视觉、过程控制，都是工厂自动化或者说智慧工厂的一部分。百子尖从一两个板块起步，横向拓展业务，最终实现统一自动化的目标。所以这两块是相通的，关键在于我们能够理解和驾驭。

上方架有 AI 驱动的智能相机，下方是光源，中间是摆放待检测材料的区域，
这是智能视觉检测系统的主要场景

章丰：机器视觉在检测领域有广泛的应用，百子尖最擅长的场景是什么？

葛铭：最典型的如检测薄膜表面的缺陷。薄膜这种材料其实在生活中随处可见，比如手机屏幕保护膜；电视、计算机、平板电脑等电子产品的显示屏；薯片的铝箔包装袋、新书塑封……再低端一点的像塑料袋，不需要检测，高端膜是需要瑕疵检测的。

比如覆铜箔基板，是集成电路板的基础材料，质量要求非常高。基板表面存在灰尘、杂质或者出现划痕、褶皱等，都会影响电路板的性能。所以其中的市场可观，行业里 70%～80% 的客户都在用我们的产品。

百子尖已将机器视觉检测的应用拓展到新能源锂电池、金属、无纺布、造纸、化工等领域，在电子电路、薄膜、新能源锂电池等行业应用场景覆盖率高达 90% 以上。

谈解决方案丨研发和开发一字之差，要解决关键的“卡脖子”问题

章丰： 一套完整的机器视觉解决方案需要涵盖“光机电算软”（光学技术、机械技术、电子技术、计算机技术、软件工程技术），百子尖的核心竞争力在哪儿？

葛铭： 我们的“护城河”是算法。无论是视觉检测还是先进过程自动化，都离不开算法的加持，核心算法能力的沉淀是百子尖投入最深的部分。

单看我们的相机外观，就是长方形金属盒伸出一个镜头，实际上内嵌着工业机器视觉表面检测芯片。细微瑕疵仅有一根头发的五分之一粗细，静态下检测相对容易，而在高速运行的产线上检测非常难，这就是算法的壁垒。

同一套相机硬件，要应用在不同行业、不同材料，保证检测准确率，那么如何实现适配？需要对行业足够了解。普适性越强的东西，技术含量就越高。要在熟悉大量客户的需求后，开发相应的算法，合 N 为一。客户

寄来样品，能不能检测出瑕疵、准确率有多少，算法能力一目了然。

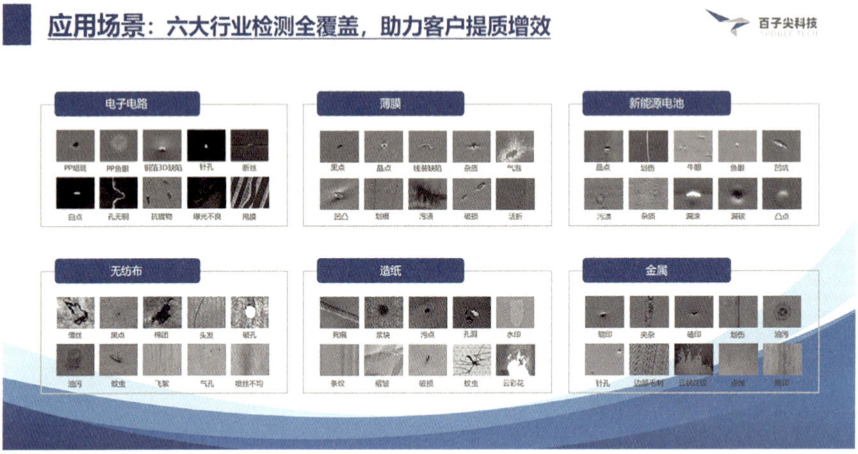

百子尖机器视觉解决方案 应用于不同行业的瑕疵分类

当然，在完整的方案里，“光机电算软”各项能力都要匹配上。包括在光源方面如何“驾驭”光线上，我们也下了很多功夫。比如薄膜检测，采用传统的线性光源和我们自研的光学配置方案 Refraction ranger，划痕类缺陷显示清晰度的差异很直观。

章丰：从全球范围来看，在这套解决方案里，国内的长板和短板在哪里？

葛铭：在核心算法上还有差距，这是根本。现在国内有些同行的算法比较接近，在开源的系统中进行了一些开发。但开源算法只能解决 60% 的简单的问题，难点还是需要自己去攻克。

章丰： 拿开源算法解决问题可能很快，但是“天花板”很低。

葛铭： 深度学习框架带动了机器视觉的发展，但其中的技术难度很大，想做到 90 分、95 分，取决于算法演进的程度。

我经常说，只问耕耘，不问收获。投入下去可能要花五年、十年甚至更久，但肯定会有结果。微觉视花了 30 多年，百子尖的流程模拟仿真技术也用了 15 年，在对行业与市场需求深入理解的基础上，我们持续对产品的自主研发与创新进行深度投入。

大部分企业更愿意做开发而不是研发，因为研发要解决难点、堵点，周期长、风险高，十个产品投进去，可能有九个产品无法落地。所以当前国家从政策上对企业研发给予了补贴，这也会激发企业创新投入的内在动力。

章丰： 研发和开发一字之差，关乎企业打造核心竞争力的路径选择，这就是国家鼓励的“关键技术研发及产业化”。

葛铭： 确实要解决“卡脖子”的问题。当前国内的科技环境从投入资金购买先进设备转向自主创新，我相信越来越多的企业会往这条路上走，这需要一个过程。

谈制造业数字化转型丨所有智慧的企业家，都应该拥抱自动化

章丰： 制造业中小企业能以怎样的成本用上机器视觉的产品？

葛铭： 不光是机器视觉，自动化是必然趋势，生产工具迭代了，跟不

上趋势的肯定会被淘汰。当前的阻碍主要在于大多数企业管理者还没有从意识和认知上转变观念。

举个例子。假如一家工厂雇用10个工人来检测手机屏幕的瑕疵，一个工人一年薪酬按10万元计算，一年的人力成本也要100万元，这还不包含管理成本。这笔账其实是可以测算的。采用自动化产品替代人工，短期内是一笔不小的投入，长期看一定是经济的。

章丰：而且机器的可靠性比人工高。

葛铭：人工检查工作强度高、主观因素影响大，容易出现漏检、错检问题，人员差异也会造成检测结果不一致。自动化技术关系企业产品质量、降本增效，应该在企业中普及，将人从重复性的工作中解放出来，让人去做更有意义的事。

随着工业从原有的粗犷式发展向精细化迈进，市场对工业自动化的需求也呈现井喷式增长。所有智慧的企业家，都应该拥抱自动化。

章丰：现在百子尖的产品的行业渗透率如何？

葛铭：目前使用我们的智能视觉检测系统的客户，相比5年前呈10倍或更大的提升。机器视觉的渗透率还非常低，可能还需要5～10年才会普及，很多企业的品控意识也还不够。视觉机器门类很多，现有的解决方案不能解决所有问题，光是屏幕表面的检测就还面临很多技术难题，所以我认为可开拓的市场非常大。

这里还有一个误区，资本看科技企业，常常纠结于市场占有率、复购率。科技型企业的智能化装备很多不存在复购的问题，我们只需要保证产品品质，成交后产品的软件部分可以不断迭代升级。打个比方，硬件是一台自动ATM机，但我们提供的是一整套金融服务，想要升级换代，哪个地方都有网点。我们要做的，就是潜心打磨算法和产品。

章丰：机器视觉也属于人工智能，对于生成式人工智能，百子尖是什么态度？

葛铭：完全拥抱，但不盲目跟风。人工智能是一个很宽泛的概念，大模型不是人工智能的全部，广义地说，只要一件东西具有一些人的智慧，就可以被视为人工智能。底层技术早就有，只不过公众对大模型的接受度和感知度比较高，从业者应该透过热度看到本质。

比如ChatGPT主要是语言模型，和我们的业务关联度不高，但是其背后是深度学习，包括强化学习。这些技术可以为百子尖所用，推动机器视觉在更多工业场景的应用落地。

谈创业心得｜创业者像在森林里迷路的人，手中没有地图，甚至找不到水流

章丰：你是在全球化发展高峰期展开职业生涯的那代人，你当时的创业环境和现在入局的创业者所处的全球化环境差异很大。你如何看待现在的创业环境？

葛铭：创业未必要自己开公司。为什么一定要自己做老板呢？创业，创造自己的事业，不是一定要创造自己的公司。

时势造英雄，创业也要看运气，比如大环境、国际格局。现在想创业要考虑清楚：你适不适合？情商够不够？敢不敢冒风险？如果你有这些不足，有没有能和你互补的合伙人或团队？你创业是为了理想，为了财富自由，还是因为打工不爽？要知道，打工跟自己当老板都有“老板”，我的“老板”就是我的客户。

章丰：包括投资人。

葛铭：非常对。在现在这种环境下，我的建议是，刚毕业的年轻人可以先找家公司上班，如果以后你要自己做企业，别在乎收入，先学人家的成熟经验。你也可以去考公务员、当老师。当然，不反对有些特别“牛”的人创业。

章丰：这确实像我们这个年龄的人说的话（笑），我也会跟他们说这些。

葛铭：如果让我再创一次业，我也要好好想想。创业有很多高光时刻，让你有成就感、自豪感，但是你能始终保持激情吗？你有失败也能重新开始的机会吗？如果有，那就创业吧。

章丰：“得到”的罗振宇说，创业者就像在森林里迷了路的人，想找到出路，要么找到一张地图，要么循着水流的方向往外走。实际上多数创业者都是循着水流的方向往外走，找到同行者，等走出去了都不知道地图在哪里。我觉得这个比喻很精准，创业者提前拿到地图的可能性几乎不存在。

葛铭：有的时候甚至没有水流。在找寻出口的过程中，你也要心中有数，到什么时候应该及时止损。

快问快答

达成目标后，你如何犒劳自己?

不会特意犒劳自己。

挑选合作伙伴，你最看重的品质是什么?

正直是第一位，还要和团队互相信任，懂得坚持。

你会给创业者一个什么样的“锦囊”?

创业未必要自己开公司，迷茫的人不要创业。

你最想改变世界的一件事是什么?

让人类从单调重复、缺乏创造力的工作中解放出来。

如何定义“数字新浙商”?

具有冒险实干的精神。

水母智能苗奘：

让每一个人享受设计的美好

水母智能创始人兼首席执行官

苗奘

用更智能的AI实现普惠设计，让每一个人享受设计的美好，这就是我的愿景。

伦敦艺术大学创新管理硕士、北京理工大学设计专业硕士，洛可可集团合伙人。擅长 AI 在数字创意领域的产业化落地。已率团队将 AI 落地到漫画 / 短剧 /LOGO/ 包装等创意领域，其 AI 平台服务了千万创意垂直领域用户和 B 端商家。曾任洛可可智能出行创始总经理，主攻智能出行和智能软硬件体验领域，推动 AI 与汽车体验创新融合；带领团队协同奥迪、宝马、华为、蔚来、百度等品牌打造出多款产品。

一万多年前，西班牙阿尔塔米拉山洞内，人类燃起火把，用天然矿粉和木炭绘制了一组大型壁画，画中野牛、驯鹿及猛犸组成的兽群浩浩荡荡，象征着艺术意识的萌芽。走进水母智能，公司墙绘上的设计简史，就从其中最负盛名的公牛图开始，陶器、包豪斯沙发、埃菲尔铁塔、航天飞船等一连串符号，串联起人类对艺术和科技的求索之旅。画幅尽头，紧邻苗奘的办公室，是一个莫比乌斯环。

水母智能墙绘设计简史

苗奘是设计、创新管理双硕士，拥有国内外17年行业经验。2019年，她开始在洛可可创新设计集团内部孵化智能设计业务。2020年11月，新业务剥离出洛可可，更名为水母智能（下文简称“水母”）。“灯塔水母的外观梦幻、触觉灵敏，是唯一可以从成熟阶段回归幼体的生物，暗合了我们对智能设计的追求：颜值高，洞察力强，生生不息。”

从logo、包装、商品等具体场景出发，水母为小微企业提供高性价比的普惠设计解决方案，包括品牌方、消费品企业、新农村新农户在内，已积累注册用户300万。历经传统设计、线上设计、智能设计三次浪潮更迭，苗奘和团队探索设计与AI的深度融合。“跳出高精尖的表象，设计平民化、低门槛的趋势将走向极致，AI设计是行业的未来。”

产业互联时代，一支从产业出发的行军队伍已踏上征途。他们将自身的专业认知融入数字化实践，反哺产业。两万年前在洞穴内燃起的火种，如莫比乌斯环永永无穷，点亮人类数字文明的未来。

谈团队 | 当你没有一柄现成的倚天剑，就得有个剑阵

章丰：洛可可总部在北京，你是山西人，为什么选择到杭州创业？

苗奘：杭州的魅力，首先来自市场。我在北京接触的项目如军事系统、航天系统、机器人……都是“国之重器”。当时我来杭州出差，看到U盘、加湿器这些小商品，感觉离生活好近，好接地气。我就产生了强烈的念头，要用普惠设计服务这些产业，从“细枝末节”入手，用设计改变人们的生活。

杭州火热的创业氛围也打动了我。梦想小镇的咖啡厅里，扎堆的年轻人聊得热火朝天，想要一起撺掇事儿，俨然是“创业天堂”。但更底层的原因，是我们决定“隔离创新”，保证独立思考。所以我下定了决心，要从北京搬到杭州，也是为了逼自己一把。

章丰：“隔离创新”确实是个高招。在新业务上，贾总（洛可可集团董事长贾伟）会给你建议吗？

苗奘：老贾是洛可可的领头人，洛可可孵化了水母智能，我们与所有股东达成共识：在战略上以水母团队的意见为主，在组织上融合更多不同专业的“大牛”。他会从更宏观的视角给我建议和资源支持，当然我们必须时刻保持战略方向的同步。

章丰：回头看，创业对你来说是一件很自然的事情吗？

苗奘：有必然性。我父亲今年六十多岁，还在创业。我从小对创业的起起落落就感同身受，体验过上学和出去玩都配备两个司机的“奢华”，也经历过全家寄宿在一个废弃学校的“窘境”。家里不希望我过早地接触商业世界，但我还是选了创业这条路。

对我而言，最大的挑战不是迈出创业这一步，而是作为一个非 IT 专业的带头人，如何带领一家技术驱动的公司。水母团队里 80% 是技术人员，我在能力和背景上是“错位”的，只能不断招揽各路“牛人”，冲刷我的认知。如果我的认知不被冲刷，我就会成为水母的“天花板”。因为我要决定这家公司未来的战略方向，没有人能够告诉我如何做，必须自己去蹚。

章丰：很多和你有一样背景的创始人，都会面临筛选技术合伙人和团队的难题。你有什么方法吗?

苗奘：我和其他产业互联网的 CEO（首席执行官）也聊过，大家的痛点一样，如何将行业的 know-how（技术诀窍）和技术实践结合。我们希望找到一位精通数据挖掘及各类算法，拥有互联网前后端运营经验的 CTO（首席技术官），但是动用所有的人脉，找来再厉害的“大牛”也不理想。传统业态训练出来的人，不符合新兴业务的要求。

不存在现成的最优解，只能及时切换策略。分解 CTO 职务，分别招聘不同模块的人才，比如擅长图像算法的，擅长数据挖掘的，擅长前后运营的，大家先干在一起，再学习融合。踩过的“坑”，随时总结，到公司的“开放麦”上分享。

当你没有一柄现成的倚天剑，就得有个“剑阵”，保持好战斗的队形。我们确保团队的核心人员稳定配合，为“阵内”个体的发展方向留足预案，以应对未来业务的调整。

谈产品丨用户不愿意付款，说明产品有问题

面向小微企业主，提供从 logo 到物料的一系列设计服务；连接品牌方和新农户，提供智能包装设计和柔性供应链生产一键交付服务；对接纺织品、陶瓷制品、零售品等产业带及新锐品牌客户，提供个性化定制设计玩法和柔性供应链生产服务……在智能设计应用上，水母找准了形象设计、包装设计、商品设计等核心场景。

章丰：当初决定做智能设计，是来源于你对设计的专业洞察吗？

苗奘：我们看到了两个机会。第一，中国小微企业有 8000 万家，占总企业数量的 70%。过去自己做设计时，我能服务的群体有限。第二，在 SKU（最小库存单位）大爆发的时代，类似“一天做 100 张海报”这种高强度的工作量，人工无法实现，而 AI 却是“不会累的设计师”。我们可以把过去服务五百强企业的 know-how 结构化、算法化，这就是智能设计。

章丰：面对复杂的设计门类，水母怎么找到产品的切入点？

苗奘：对于切入点，我们唯一坚定的信念是小而狠。2020 年 2 月起，水母陆续上线了智能 logo、智能头像、智能包装、智能商品设计，例如靠枕、袜子、盘子、口罩等。其间我们尝试过其他的 SKU，比如海报、名片、工牌，还有头像。甚至有小学生一买就是 6 个头像，还问客服：“姐姐，什么是 logo？”

通过大量的企业调研，我们得出三个重点信息：企业的生命周期大都从注册公司开始；logo 和 VI（视觉形象）相关的设计服务占整个设计服务的 50%；logo 的“带货能力”强，可以撬动商品和供应链。

我们的第一个客户“桃源小灶”是一家农家乐，花几十块钱买到了一个自己的品牌 logo。后来我们从 logo 探索到企业名片的智能设计，从智能名片设计探索到 AI 智能设计和 B 端的柔性供应链结合点。比如你是做牛肉干的，想购买智能包装服务，只需要选择“肉脯”类目，输入信息，平台会推荐包装材质、设计方案。下单后，商家可以查看 3D 包装效果，进行打样，匹配工厂小批量生产，即便只有两份也能生产。

水母智能设计的产品包装

章丰：智能形象设计这个切入口属于短线消费，如何保证客户的黏性？

苗奘：目前从客户行为来看，已经出现了长线消费的苗头。有的企业SKU丰富，线上和线下主打的产品不一样，短短几个月，就购买了5款包装；有的商家想购买智能包装设计，刚好没有logo，就顺便下单了智能形象设计。所以我们将业务方向从logo逐步拓展到品牌形象周边、包装、商品等更多的设计领域，把强付费、强价值的先拿下，再附加可行功能。

消费互联网惯用的思路是先做个免费的工具，三年后再谈变现；产业服务则更加务实，强调商业验证。在初创期，我做一个产品，就要看用户买不买单。用户不愿意付款，说明产品有问题。客户价值和ROI（投资回报率）始终是商业的本质，这是创业公司的命脉。至于SaaS能力、工具或平台，那是客户价值对你的反向塑造。

谈壁垒丨智能设计＋柔性供应链，打通了“设计—产—销”链条

基于设计行业普遍存在的痛点，苗奘总结了三个“关键词”，定义水母智能的产品：可商用，即通过版权工艺算法和区块链存证实现原创设计和版权保护；可生产，将供应链上的材质、工艺等数据前置到设计环节，在生产可实现的基础上做设计；可被爱，基于消费者喜好数据，产出更契合用户的设计。

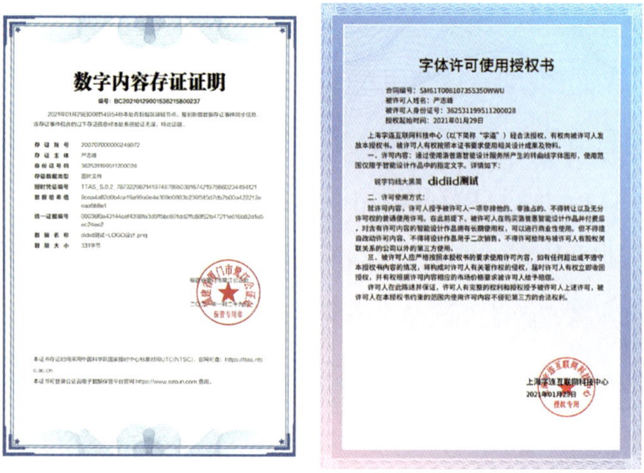

用户会收到数字内容存证证明和字体许可使用授权书

章丰：“可生产”强调设计与供应链的协同，做起来会不会很“重”？

苗奘：现在看可能挺“重”，但从行业终局来看，这是一条必经之路。产业互联网时代，把数字化转型比作一条链条，设计、供应链就是上面的齿轮。供应链的变革，要基于前一个齿轮，也就是设计环节的变革。撇开设计环节，只做供应链和生产的数字化，那相信我——全是“坑”。既然最终整个链条都要运转，我们就要让设计以最快的速度先运转起来，最终齿轮间互相带动，驱动产业互联。

回到业务场景，我们也踩过设计和生产链路不通的“坑”。客户看到方案后非常雀跃，但设计图投放到生产线时，我们发现设计不合理，工艺实现不了，材料找不到……所以客户——尤其是小微客户——需要的不仅仅是一张设计图。当客户在水母的平台下单后，可以直接获取设计图 + 打样或设计图 + 小批量生产，直接匹配工厂的柔性供应链。

章丰：“可被爱”更抽象，是从消费者角度来说的？

苗奘：“可被爱”源于一个真实案例。2020 年我们走访了大量产业带，在一家工厂里，我们看到卖不出去的货物都堆在车间里。为什么货销不出去？工厂里的人说，客户不喜欢。相邻的工厂也有同样的情况。所以我们就想，到底怎么才能帮助这些工厂，能不能提前找到产品对应的客群，在设计和生产环节就贴近他们的需求？

有了这个念头，我们就马上找到淘宝 C2M（用户直连制造）、1688、犀牛智造，同时调研雨伞、袜子等类目产业带。比如袜子这个类目，在前端，水母结合大数据，产出100张产品图；通过AI智能设计+大数据算法，水母告诉客户哪些是销量排在前十位的，或者通过社交媒体投放图片，看看哪些款式更受欢迎，工厂根据结果再去生产备货。在后端，我们对接柔性供应链，把材质、颜色等数据前置到设计环节，生成不同客群喜欢的风格。

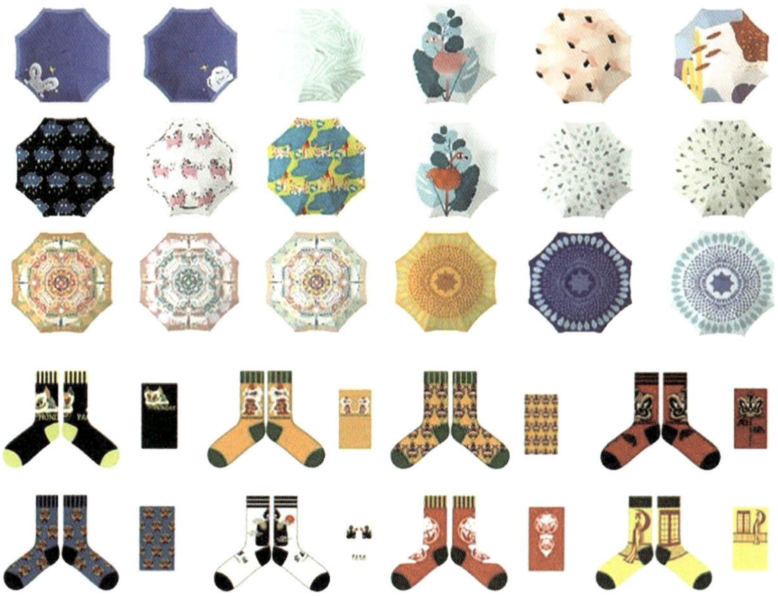

智能设计生成的雨伞、袜子

过去把商品生产出来，投入市场便“两眼一抹黑”；现在可以将商品投入客群中看反馈，及时迭代，跟进反馈。C2M的源头是C端，消费者爱不爱最重要。卖给消费者商品是需求驱动，不是供给驱动，不能说厂里有红色的染料，就做一件红色的 T 恤。

章丰：设计这件事个性化程度很高，水母如何支撑庞杂的需求？

苗奘：水母团队的核心竞争力就是对设计业务的解构能力。计算机执行指令要求数据结构，设计无非是形、色、意、材、表这五个维度，再细化下去，比如内容如何排列，组件的细节处理，元素怎么摆放，是相切还是相离……我们把这些维度以算法的视角拆解一遍，形成最小抽象单元，之后交给计算机去“跑”，最终形成了水母自研的“达・芬奇引擎”。

章丰：“达・芬奇引擎”能够构成水母的技术壁垒吗？

苗奘：壁垒可能分两个阶段。第一阶段考验业务建模能力，基于设计行业的 know-how 构建底层算法模型；第二阶段考验数据积累能力，数据终究得落盘到合理的架构上，形成中台工程能力。未来无论我们服务 KA 还是小微，无论是做形象定制、产品包装还是商品设计，都可以用同一套底层架构去兼容。

谈生态丨初创企业，不妨借平台之力，毫无保留地试错、摔跤

章丰：你们在选择进入一个行业（比如食品行业）之前，会有什么样的判断标准？

苗奘：我们有一套选择逻辑。第一，它的供应链相对标准化。根据我们对行业的预判，下一个价值网络是智能设计 + 柔性供应链，未来的价值

链条是重塑的。

第二,“颜值”驱动购买。设计的驱动力要强,以确保在链条上的高价值。

第三,流行周期不短于三周。比如服装品类尤其是女装,爆品无法预测,流行周期不确定,技术可发挥的空间有限。

第四,看市场规模,不选已经被垄断的类目。食品行业市场规模大,是我们打样的重点。但巧克力品类就不合适,可可脂的标准很高,已经形成垄断。水母的目标客户是中小微品牌方、消费品企业、新农村新农户,行业应该面向千家万户,具备小微集群式的特征。

章丰:面向小微,有利于公司产品化、规模化;服务KA,有利于产品打样和短期营收。怎么权衡这两条路线?

苗奘:水母的客群路线是从小微往“上”打,最终要形成产品化的能力。服务KA也是为了做沉淀,先不去纠结能不能100%还原需求,能80%还原,就先去做,把行业know-how沉淀下来。

当然过程中也会有自我拷问和动摇,也会有营收的压力,但我的战略定力来源于水母具备服务产业里从小微到KA、从设计师到非设计师的各种角色的底层能力。有了这把武器,是否去打某个市场,或早或晚,都是游刃有余的。

章丰:水母在业务上涉及和大平台的合作,如何找准合作点?

苗奘:在起步阶段,作为一家初创企业,不妨借平台之力,毫无保留地试错、摔跤。我们在钉钉上尝试了很多场景,包括企业行政人力等

SKU，看到真实的客户需求后，再来打磨自己的产品。

后来我们又拓展到阿里云、支付宝等平台，探索契合度更高的业务结合点。当你确立核心业务方向的时候，可以根据周期变化动态调整平台合作的战略，也可以同步自主拓展。

这是我走过的两个阶段，可能有些人本身就有行业认知基础，直接跳过了第一个阶段。试错的过程，也让我学会了放弃专业认知，站在新的视角看待用户需求。

谈愿景 | 用 AI 实现普惠设计，让每一个人享受设计的美好

章丰：你创业的初心是“挺起中国设计的脊梁，让每一个人享受设计的美好”。从资深设计师到智能设计的先行者，我看到了你的初心。

苗奘：创立洛可可伦敦分公司时，我在伯明翰参加一个消费展。展位上的黑人大哥得知我是中国设计师，问我们有没有工厂。我以为他想做设计 + 供应链，自豪地说我们没有工厂，但是在长三角、珠三角地区都有供应链管理中心。他却让我们滚出去，说我们都是抄袭的。我当时二十五六岁，心态很受挫。

不过在原创设计上，咱们确实比西方晚了一百年起步。当时我们一帮热血青年埋头苦干十多年，没有周末，没有生活，直到拿到 400 多项国际大奖，才觉得可以挺直腰杆了。今天我们看到国内互联网、智能化水平高速发展，通过技术驱动智能设计，我们有机会探索出更丰富的场景，实现

弯道超车。所以，天时地利人和，如果我没干好，真的是自己的问题了。时代机遇可能占99%，个人能力占1%；如何把我那0.0001%的能力变成1%，就是我要做的。

章丰：你所畅想的智能设计的未来图景是怎样的？

苗奘：下一个阶段，是“让每一个人享受设计的美好”。人工智能除了是一项技术，还代表了一种全新的、可被大家尊敬的世界观，它代表着一种普惠的美好生活。从一个logo、一张海报开始，让设计更普惠。

未来，是“人机共存”的时代。把小微的需求、重复性的劳动交给机器，是性价比更高的解决方案；而更高阶的需求，交由人机共同服务。这个过程，会把设计师从机械的工作中解放出来，去培养他们的审美、设计逻辑、意境把控等能力。用更智能的AI实现普惠设计，让每一个人享受设计的美好，这就是我的愿景。

快问快答

达成目标后，你如何犒劳自己?

达成目标是创业的一部分，所以我比较“麻木”。

挑选合作伙伴，你最看重的品质是什么?

对产业终局的认知，对组织的协调能力，对创业期业务频繁调整的适应力。

你会给创业者一个什么样的“锦囊”？

现阶段把公司的资金储备拉到安全维度，做最坏的打算，着眼于创业的本质，才不会因市场和环境动荡而恐慌。

你最想改变世界的一件事是什么?

普惠设计。

如何定义“数字新浙商”？

务实。无论是数字化还是智能化，浙商都不在意这些“外衣”，他们始终关注价值。我刚来浙江时，大家口口声声谈“生意”，我很不适应，我们不是在做一份“事业”吗？后来我才发现，只有务实，才有明天。

后 记

（一）

本书的采访横跨2022—2023年，直至如今整理出版，时间已经来到2024年。我们深度走访了24家企业，话题涵盖大数据、人工智能、RPA、智能制造、元宇宙、医学可视化、数字交通等数字经济热门领域。这几年，世界局势动荡，科技迅猛发展，疫情封控解除，被洪流裹挟的人往往钝感于巨变，当翻开这本书，你又能从过往的问答间一窥时代前行留下的斑驳痕迹。

站在当下回头看，2022年底是一个关键节点：ChatGPT横空出世，AI开启“一路狂奔”模式，点燃人们对未来的幻想；元宇宙在经历一波概念热潮后跳出浮躁营销，趋于理性探讨；《关于构建数据基础制度更好发挥数据要素作用的意见》（简称“数据二十条”）重磅发布，正式拉开了我国数据要素价值化的序幕，各行各业重新审视数据蕴藏的巨大价值。

在“解码数字新浙商”系列的第四本里，我们依旧以“数字新浙商，‘新’在哪里？”的问题结束每次访谈，试图描摹出瞬息万变的复杂时代中，数字新浙商的共同“锚点”。

（二）

在我们迄今采访过的数字新浙商中，陈德木是最“经典”的一位。1967 年出生，初中毕业就步入社会，干过建筑工、机修工，开过机械厂，陈德木走过“草根”崛起的传统浙商之路，在 2014 年前瞻性地选择投身二次创业。“站在未来看现在”，他主动变革业务，打造杰牌未来工厂，跨越成为数字新浙商。

“创新是永恒不变的主题。”留学归来的孔辰寰与父亲孔爱祥达成一致，推进兆丰数字化。“机器换人”、数字大脑、5G 赋能、智能工厂，在“创业父子兵”的接棒与合力中，兆丰提前布局智能制造，踩准了技术升级的每一个节拍。

超 150 万家零售小店正在惠合科技打造的数字化营销平台上与品牌完成对接；水母智能提供高性价比的智能设计解决方案，服务于广大的小微企业、品牌方、新农户；每刻科技的智能云财务产品和解决方案已覆盖全球 150 多个国家及地区；凌迪科技用物理仿真的手段做数字孪生，从设计研发环节入手提升整个服装产业链的效率。

数实融合走向纵深，数字化带来生产力的跃迁，正成为传统企业在新时代生长的新动力。数字新浙商顺势而为，在细分赛道深挖出一片蓝海。

（三）

一台新机器，用手机扫码就能看到对应的 3D 模型，点击拆解、查看说明……纪尧华给我们描绘了“工业元宇宙”的未来图景，可视化、可交互、场景式，“人人看得懂、人人会操作，让年轻人回归制造业成为可能”。炽橙科技用 XR 连接起人、机器、数据，打造一套“工业元宇宙”的底座系统。

“‘数字轨’代表把无序的道路变成数字化的、有序的轨道。”张辉在介绍新奇点的产品时强调，他们的目标不只是地面，而是“空地一体”的数字交通体系。周舒扬开拓“医学可视化”的荒野，种下一棵名为“知识库”的树苗，未来它将枝繁叶茂，支撑起整个医学知识传播媒介的升级。来未来用“数据中台”和“业务中台”铸造产业数字化的基座，玄难说“产业终局里，我们负责搭建骨干，生态由大家共同建设”。

新时代的开启，伴随着新的生态集聚。数字技术天生带有“连接”与“协同”的属性，数字新浙商从产品走向平台和底座，用数字化的视角解构，用数字化的方法重塑，为新生态的大楼打下一方坚实基底。

（四）

在我们的访谈中，“国产化”“自主可控”出现的频次逐渐变高。开源技术能快速解决普遍问题，但所有人心中都绷着一根弦——只有突破难点堵点，才能拥有属于自己的行业话语权。

蛰伏五年，“熬”走三波股东，王新宇带领邦盛科技成功研发出大数据实时处理技术“流立方”，核心性能指标超国外同类产品近百倍，完成国产替代。在被检测材料产线超高速运转的状态下，百子尖自研的智能视觉检测系统能检出微米级的瑕疵。

“基础软件的市场份额仍被国外厂商占据，一旦外部形势发生变化，中国应用软件的大厦就岌岌可危。”张晨用“大厦的地基”解释为什么创邻专注于打造自主可控的国产图数据库。

“中国是大国，大国要有重器，在高端精密测量仪器、核心传感器上，不能受制于人。我们要为大国铸利剑。”茹方军用一腔热血八年磨一剑，非白三维成功打破国外对高精度手持激光三维扫描系统的长期技术垄断。

“‘研发’和‘开发’一字之差，要解决关键的‘卡脖子’问题。”当越来越多的企业走上自主创新的道路，在角逐顶尖科技的征途上，数字新浙商秉承浙商敢为人先的勇气和百折不挠的坚持，正走出各自的精彩。

（五）

ChatGPT 爆火“出圈”，AI 的“iPhone 时刻”降临。世界走到了巨大的十字路口前，前方迷雾重重，充满着不确定性，又愈发诱人。于是我们在访谈中频繁追问，AI 究竟会给各行各业带来什么。

“技术替代重复人力，始终是不可阻挡的趋势。”孙林君相信 AI 与 RPA 的结合能将人从指数级增加的工作量中释放出来，去发挥更多创造力，实现个人的发展。蓝振忠同样期待 AI 能帮助人类与世界和解，“人类只是困在一个很小星球上的智能体，这个世界有太多知识等待我们去挖掘。我希望 AI 可以帮助人类探索这些未知”。

面对 AI 强大的知识迭代能力，王新宇则认为它既是威胁又是走向未来的动力，“人类能否制止 AI 的发展，还要打个问号”。郑泽宇表示知衣科技从创立起就以大数据和 AI 为核心，但重点是“技术最终要落地应用，创造商业价值”，他说“借助 GPT 可能会缩短产品追赶时间，不会攻破头部玩家的护城河”。

无论 AI 会带来效率的提升还是成本的下降，甚至范式的改变，在技术和产品打磨中，积累的经验、对产业和客户的理解依旧是难以撼动的商业壁垒。

（六）

2022 年 12 月“数据二十条”发布，2023 年 10 月国家数据局挂牌，中国数据要素市场的大幕正式拉开。

行在断言：“世界上唯一只增不减的东西就是数据。”数字化转型轰轰烈烈开展至今，积累了海量的行业数据，如何将其唤醒，进一步释放价值？2023 年 2 月 25 日，我们举办了首届未来数商大会，开启了对“数据要素价值化”与“数商”这两个新概念的探讨。

蓝象智联的童玲在访谈中打开PPT给我们上了一课，“数据要素市场不是从0到1长出来的，而是大数据产业的升级版，制度、合规、安全化解了大数据产业原先的‘达摩克利斯之剑’”。当时正值6月初夏，窗外的西溪湿地公园绿意盎然，数据要素市场就如湿地里的绿苗，从大数据产业的厚土里抽芽而出，准备疯长。

场景是数据价值释放的重要突破口，数字新浙商用数据赋能企业、组织和政府，他们的实践正成为浙江数据要素市场先行先试的主要发力点。公共数据授权运营、“数据要素 ×”行动……新的机遇之门已经打开，我们也将持续关注数据要素市场的发展。

（七）

疫情在人们的记忆中渐渐模糊，“疫情后时代”的连锁效应还在持续释放。任正非在华为内部讲话中提到“把寒气传递给每个人”，市场环境变化正在给更多行业带去压力，企业面临“活下去”的考题，内心的力量成为创业者的重要修行。

“双减”政策之下，赵剑锋仅用39天就带领团队完成业务转型，切入课后服务市场；童玲给创业者的建议是“胆子大，速度快”；朱礼君坚信“杀不死你的终将使你更强大”；陈栋说沃趣最核心的价值观是“敬畏”。

“创业者一定是孤独的，他和他的公司回答的，一定是这个行业、这个世界没有被回答和探索的问题，所以他只能站在世界的边缘思考。这个时候，他必须拥有世界级的信心。”

一路走来，少有波澜壮阔的故事，更多是细水长流的坚持。穿越周期的定力，面对变化的魄力，是数字新浙商与时俱进的底气。

（八）

2024 年 5 月，学会迎来了成立五周年，为了更好地服务数字经济高质量发展，我们从“连接者”迭代成为“助力者”。

五年来，我们采访了 98 位数字新浙商，225 小时的访谈，整理出 104 万字文稿，最终呈现为 96 期访谈和 4 本书。在采访之外，“助力者”的架构正逐渐成型：链接政产学研金的资源，发挥“媒体”“智库”“人才”三大能力，为地方、产业和企业提供更聚焦、更专业的服务。

我们联合浙江省工商联推出了“浙商数字行”、“浙商数字营”和“浙商数字周”，为数字新浙商和数字化转型的中小企业搭起桥梁，助力民营企业数字化转型；创新开展数据要素价值化探索，举办两届未来数商大会；开展标准和行业报告研制，将观察沉淀输出；紧贴数字产业化和产业数字化发展需要，通过培训认证、评价举荐，助力培育数字人才大军的成长……带着“数字经济助力者”的新使命，我们正摸索着走向数字经济的更深处。

作为“数字新浙商”系列的最后一册，本书的出版，将为“解码数字新浙商”项目画上一个意犹未尽的句号。在对 96 位创业者的访谈中，我们真切地触摸到了数字经济的强劲脉动，记录下了新一代浙商的技术创新和商业探索。他们艰苦的实践、深沉的思考和慷慨的分享，带领读者步入数字文明时代的门径，也带给我们共同穿越周期、重塑优势的智慧和勇气。

《解码数字新浙商Ⅳ》的出版，要感谢一直以来默默关注该系列的同仁。

感谢陈浩书记为本书作序，感谢吴晓波、胡宏伟、陈刚、张建锋对“数字新浙商”系列出版的支持与推荐。

感谢 36 氪、网易新闻等媒体的支持，让商业智慧和技术洞见被更多人看到。

感谢浙江大学出版社张一弛编辑及各位审读、校对老师，让这本书最终成形。

感谢曹轶群先生为封面“数字”题字，让传统与科技交相辉映。

特别感谢我们的同事蒋雷婕、程一苇对每一期访谈内容的精心整理，章正君、叶志峰对每一张人物照片的精细处理，分担了大量琐碎而重要的工作。同时感谢学会各位小伙伴杜放、楼晨晓、戴俊燕、单国健、王宏宇、杨之华、周子琪、贾婉晴的默默付出。

章丰　王逸嘉
2024 年 7 月于未来科技城